JN001459

医学博士
久保 隆之

Dr.CUVOのアンチエイジング療法

トータルフェイスデザイン

はじめに

美容医療の仕事をしていて興味深いのは、患者さんたちの表情の変化です。

たとえば、30代の女性――。初めてクリニックを訪れたとき、私と目を合わそうともしません。話しているあいだ中、視線は斜め下を向いたまま。

ところが、治療により目の下のたるみを取った後の彼女は、本人は気づいていないのでしょうが、私の顔を見ながら話すことが多くなります。笑顔も見せてくれます。

こうした場面に、私はよく出会います。

「見た目がすべて」とは私は思いません。大事なのは内面的なもの、人柄でしょうし、醸し出す雰囲気、話し方――などが相まって、その人の魅力となります。

とはいえ、外見に対するコンプレックスは大きく、そこを改善することで自信を得て、明るさや前向きさを手に入れ、それがその人を美しく輝かせる、ということはよくあるのです。

さて、20、30代の方にとって、中高年になったときの自分の姿はなかなか想像できないでしょうね。年齢を重ねると、シワ、たるみなど、若い頃にはなかった衰えが顔にあらわれてきます。積み重ねてきた人生経験の豊かさが人間的な魅力になるとはいえ、容貌の衰えは、新たなコンプレックスとして、その人から自信や意欲を失わせてしまうことがあります。

若い方たちにとっては、こうしたことはまだまだ遠い先のイメージ。この頃、よく耳にする〝アンチエイジング〟という言葉も、「ある年齢以上の人たちのこと」と受け止めているのではないでしょうか。

本書の中でも説明していますが、実は、外見的に老化があらわれるずっと前——20歳前後の頃から、すでに目に見えないところで顔のエイジング（老化）は進み始めています。

ということは、早い時期からその対策を行うことにより、エイジングのスピードを遅らせることができるということ。これが、年齢を重ねたときに、大きな差となってあらわれてくるのです。そう、アンチエイジングは、高齢の方だけではなく、若い方にとっても、重要なキーワードなのです。

エイジング対策は、生活習慣や日々のケアも大事ですが、今、美容外科医療の分野は、その技術を高め、ますます洗練されてきています。その美容外科というアプローチからエイジングに向き合うのもひとつの方法です。それにより、年齢を重ねることを恐れない自分になれば、今現在はもちろん、ずっと先の日々も輝き続けていられるのではないでしょうか。

コンプレックスから解放されてハツラツとした毎日を送りたいあなた、いつのときも10歳若く見える自分でいたいあなた、そんなみなさんを、本書を通し、私は心から応援いたします。

２０２０年夏　久保隆之

もくじ

第2章　トータルフェイスデザイン
本来もっている自然な美しさを実現したい

第1章 エイジングと向きあう

エイジングを
より魅力あるものへ

「エイジング」って？

人は誰も老いる

「エイジング（aging）」という言葉は、もうすっかりおなじみですね。エイジングとは、本来「加齢」を意味しますが、年齢を重ねることにより、様々な変化が起こることから、「老化」と同義語としても使われます。

今、エイジングについて関心が高まっているのは、人生100年といわれる高齢化の時代にあって、年齢を重ねてもなお、肉体的にも、精神的にもずっと元気であり続けたい、という切なる願いからでしょう。

このことは、若い人たちにとっても遠い先の話ではなく、これから進む道に向け、今から備えることとして、やはり無関心ではいられないことです。

年齢を重ねて、なお若々しく

年齢を重ねることそのものは、マイナスばかりではありません。豊かな経験、その蓄積がもたらす知恵――。けれども、すっかり老け込んでしまっては、そうしたよさも発揮できません。

エイジングには、ワインなどで言われる「熟成」という意味もあります。人としての成熟した魅力を備えつつ、一方で、老け込むことに関しては、よしとせず、若々しくあろうとする。そういった歳の重ね方をしたいものです。

アンチエイジングについて

その❶

暦年齢にとらわれない

人は、生まれて、成長し、年月を経ていくうちに、やがて老いを迎える。それは生物の宿命であり、避けることはできません。
けれども、老いへと向かう時計の針の進みを遅らせたり、老化の兆候を早めに見つけて対処することはできます。
暦年齢は暦年齢として、加齢による衰えを可能な限り小さくする。言い換えれば、できるだけ長く若々しい心と肉体を維持し、健康に生きることを目指すのがアンチエイジング(抗老化)です。

老化はまず「顔」にあらわれる

アンチエイジングは、病気予防、健康的な体づくり、脳の働きの活性化、生きがいや楽しみの発見など、体全部から気持ちの持ちようまで、あらゆる面に及びます。

そうしたなかで、美容医療の医師としての観点から私が着目するのは、容貌です。人の第一印象は〝見た目〟が大きく作用します。そして、老化による衰えが最も目立つのが「顔」なのです。みなさんも、まず顔を見て、相手のおおよその年齢を判断するでしょう？ その意味でも、アンチエイジングのポイントとして、まず年齢を重ねる中での自分の顔の変化に敏感になってほしいですね。

アンチエイジングについて

その❷

魅力をより高めるために

エイジングには「成熟」の意味があることは先にお話ししました。ワインで言えば、長く寝かせた逸品には、芳醇な香りと深いコクがあります。

ただ、年代物ならではの豊かな味わいも、ワインセラーできちんと管理されてこそ。温度調整はもちろん、味の変化にも絶えず気を配るなど、常に手をかける。そうすることで、おいしさが保たれるだけでなく、さらにまろやかさやコクが加わり、より価値や魅力あるものへと変化していくのです。

これが、放置しっぱなしであったり、ずさんな管理では、ただ劣化するのみ。そうならないよう、チェックやメンテナンスを行うことが大事です。

加齢におびえず向きあうことから

人としての内面的な「成熟」は歓迎だけれど、「衰え」に対しては敏感でありたいし、できるだけ遠ざけたい。そのためにも、美味なワインづくり同様に、チェックやメンテナンスは怠らない。そこはしっかりアンチエイジング（抗老化）でありたいのです。

年齢を重ねることにおびえることなく、「こうなりたいという自分」をイメージし、それに近づける努力をする。そうしたアンチエイジングへの意識の高まりが、実年齢より若いあなたをつくります。

見た目年齢はどこで決まる？

若く見える人、老けて見える人

久しぶりの同窓会に出席してびっくり。みんな同じ年齢なのに、どうしてあの人は若々しく見えるの？ そんな経験をもつ方も多いはず。あるいは、自分よりうんと歳上の人だと思って話していたら、実は、歳下だったとか。

同じ年齢でも、若く見える人もいれば、老けて見える人もいます。その違いはどこにあるのでしょう。

最重要ポイントは「顔」にあり

ファッションや髪型で人の印象は変わります。若い頃はほっそりしていたのに、いつのまにか贅肉がついて〝中年太り〟に――。など、体型の変化にも年齢はあらわれます。背筋がピンと伸びているか、背中が曲がっているか、といったこともまた同様ですね。

そうしたなかで、若々しく見えるかどうかを左右する一番のポイントは、やはり「顔」なのです。

どんなに若い格好をしたところで、顔がそれにともなっていなければ、単なる〝若づくり〟で、実年齢とのギャップをかえって際立たせてしまうだけ。

年齢を重ねれば、誰でも顔にそれなりの変化は訪れます。その上でなお、加齢による変化が少ないこと。そこにいきいきとした表情が加わる。そんな顔立ちこそが、暦年齢よりもずっと若い印象を与えるのです。

なぜ「老け顔」になるの？

若い時との違い

顔は、加齢とともに変わってきます。けれど、毎日、鏡で自分の顔を見ていると、その変化には気づきにくいものです。そこで、若い時の写真と、年齢を重ねた今の自分の顔をじっくり見比べてみてください。違いがよくわかります。

具体的に、加齢によって、顔のどこがどう変わるのか見てみましょう。

顔の形状そのものが変わる

【目元】 目のまわりのシワが増え、目の下のクマやたるみが目立つようになります。また、上まぶたが目におおいかぶさるようになることで、目の開きが小さくなり、落ちくぼんだように見えます。

【頬〜口】 頬の位置が下がって、鼻の横にくぼみができ、ほうれい線が刻まれます。口角から下に伸びる、いわゆるマリオネットラインが目立つようになります。

【フェイスライン】 若い時はすっと一筆書きで描いたようなシャープな顔のラインだったのが、ダブついてボヤけた印象に。二重アゴもそうです。

【首まわり】 あごの下から首もとにかけて、横シワやたるみがでてきます。

【肌】 ハリが失われ、くすみやシミが目立ちます。

＊

こうした変化が合わさって全体として老けたイメージになるのですが、とくに見た目に大きく影響するのが、ほうれい線や顔のラインなど、たるみによる「顔の形状そのものの変化」です。

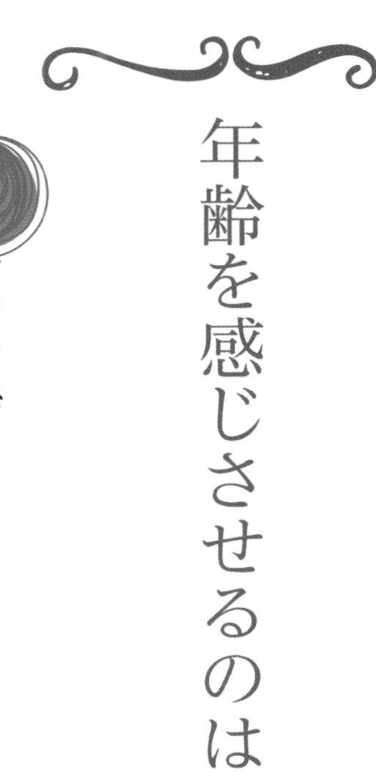

年齢を感じさせるのは〝たるみ〟だった

たるむのはなぜ？

目のまわりのクマやシワ、ほうれい線、マリオネットライン、二重あご、首のシワなど、老けて見える要因は〝たるみ〟からきています。

たるみは、加齢によって、皮下脂肪層が下垂すること。皮膚の下にはコラーゲンからできている弾力繊維があるのですが、年齢を重ねるとともに弾力性は失われていき、やがて脂肪の重みに耐えられなくなってきます。そうして、滑り落ちるように下がっていき、それがたるみとなるのです。

老けるのは顔の中心エリア

顔の中で、たるみが起こる場所は決まっています。目元、頬、あご、首まわり。つまり〝余分な脂肪〟が層になっている部分です。仮に、目尻からまっすぐ下に向かって線を引くとしましょう。その内側に入る中心部分こそが、たるみを生じるエリアで、ここが老け顔のイメージを決定づけるのです。

一方、こめかみやそこに上下につながる外側の部分など、骨と筋肉しかないところは、たるむことはなく、見た目の老化にはさほど影響を与えません。

つまり、年齢を重ねても若々しい顔であるためには、顔の内側に位置する縦の帯状ラインを要チェック、というわけです。

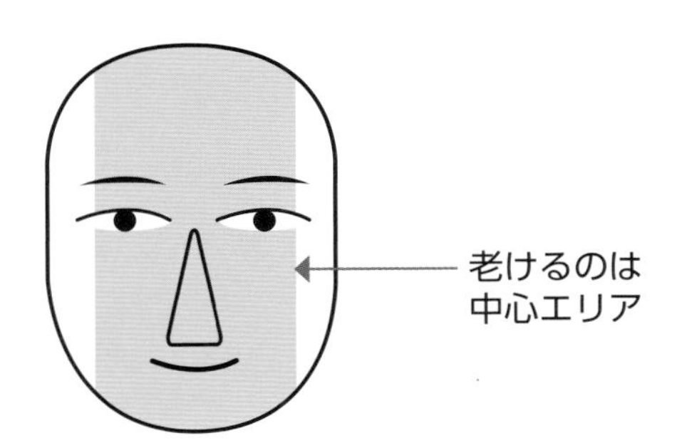

たるみが及ぼす影響

目元のシワやクマ

たるみがどうして老けた印象を与えるのか、あらためて検証してみます。

目のまわりは、眼球を守るために脂肪におおわれています。加齢により皮膚が薄くなると、脂肪を支えきれずにゆるんだ上まぶたが目におおいかぶさります。そうしてたるんだあとの箇所がくぼみ、シワや影をつくります。

目の下も、眼球を支える組織がゆるむことで、目の下の皮下脂肪が押し出され、ふくらんだようになります。そのふくらみのため、その下がくぼんだようになり、影ができます。これが、いわゆるクマです。

こうして、目の開きが小さくなったり、目のまわりのとび出た脂肪やクマが目立つようになると、老けた印象になるのです。

崩れる顔の輪郭

頬から口角に向かって伸びるほうれい線も、たるみによるものです。ゆるんで下がってきた皮下脂肪のかたまりにより、鼻の脇から口角にかけて深い境界線の溝ができる、これが、ほうれい線です。口角が下がって見えることで、いっそう年齢を感じさせ、脂肪の量が多い人ほど、頬がブルドックのように垂れ下がってしまいます。

同じようにしてできた口角のそばのマリオネットラインもそうですが、顔の下半分がたるむと、顔の輪郭が崩れて、全体にぼやけた印象となり、顔も扁平に見えます。

首にご用心！

年齢を知るなら首を見よ

みなさんは鏡に向かう時、どこを見ていますか？　案外、チェックしていないのが「首」です。ないがしろにされがちな首ですが、実は、首まわりのたるみ、溝のようにくっきりと刻まれた横ジワなど、とても老化があらわれやすい部位なのです。

顔にばかり神経を使い、しっかり若づくりメイクをしても、首元を見られて年齢がバレてしまった、ということもあります。

首は、絵画でいえば額縁、トロフィーならば台の部分のようなもの。どんなに素晴らしい宝物であっても、額縁や台も美しくなければ、宝物も本来の輝きを放ちません。同様に、すっきりと美しい首があるからこそ、顔も引き立つのです。そのくらい、首は重要な場所なのです。

デリケートな首の皮膚

首の皮膚は、顔よりもずっと薄くできています。加えて、常に表に出ていて紫外線の影響を受けやすいのに、あまりケアがされないこと、重い頭部を支えながら常に動いていること。そうしたことが重なって、たるみやシワをつくりやすいのです。最近では、スマホを長時間見ることでシワができる〝スマホ首〟も指摘されています。

また、たるみであごのラインが下がると、首との境が曖昧になり、首まわりのダブついた感じをさらに際立たせます。

30代後半から表面化する顔の老化

20代でも老化は進行中

エイジング～加齢は、生まれた時からすでに始まっています。けれども15、16歳頃までは体の成長期。その成長が止まった時から、今度は老化という意味合いでのエイジングが始まります。

とはいえ、20代の頃は、たるみもなければシワも見えない。少々、夜更かししても、不摂生をしても、体にその影響はあらわれず、肌にもハリがあります。しかし、ここで安心は禁物です。この頃、すでに皮下では脂肪層が垂れ下がろうとしています。ただ、若さによる皮膚の弾力性により、抑えられているだけなのです。

ある時期から突然に

20代の頃は、顔の老化など気にもしていないでしょう。しかし、それが突然、破綻をきたすのです。

30代半ばくらいから、それまで脂肪を抑えていた弾力繊維がついに持ちこたえられなくなります。そうして、それまでのツケがまわってきたように、目元や頬のたるみが目立ち始めます。顔の見た目に、老化が一気にあらわれるのですね。

この時になってあわてることが多いのですが、そのずっと前からすでに老化は始まっていることを知っていれば、早めの対応もできるのです。

年齢で顔の形は変わる

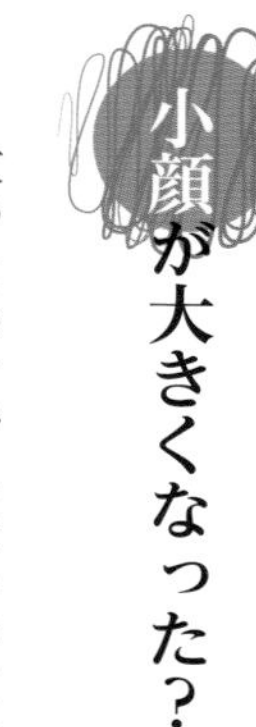

小顔が大きくなった？

太ったわけでもないのに、顔が丸くなった。顔が大きく扁平に見える――そう感じていませんか？

加齢は、たるみによって、目の開きが小さくなる、頬が垂れさがる、あごが二重になる、首まわりがたるむなど、個々の形状の変化をもたらしますが、フェイスラインが崩れることで、顔の形そのものも変えるのです。

ボリュームの位置が変わる

同じ人でも、若い時と、中年以降では、顔の形に違いがあります。

若い時は、どちらかといえば顔の上半分にボリュームがあります。そして下半分はスッキリ。逆三角形のようになっているのですね。

これが、歳を重ねてくると、たるみにより、ボリュームが下に降りてくる。一方、顔の上半分はやせて、ボリュームがなくなる。たとえるならば、三角おにぎりのような形です。

こうして、若い時は小顔であっても、顔の形そのものが変化し、「顔が丸くなった」「大きくなった」という印象の見た目になるのです。

年齢と顔のボリュームによる形の変化

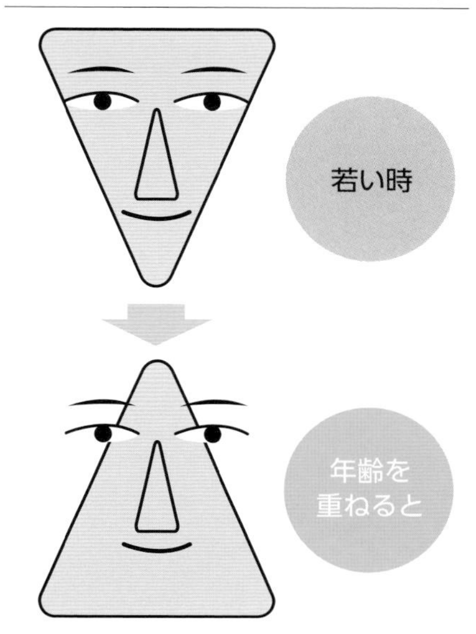

たるむ人、たるまない人

皮膚の状態がポイント

年齢を重ねても、頬やあごのたるみが目立たない人がいます。

そういう人たちの肌をチェックすると、皮膚の状態がよく、ハリがある。つまり、若い時の健康的な皮膚の状態が保たれていることが多いのです。

その一方で、30代でも年齢以上に皮膚の衰えが進み、老け顔になる人がいます。では、顔の老化を加速させる要因とは。

顔の老化を加速させるもの

皮膚の老化は、体質による個人差もありますが、影響を及ぼすものとして、生活習慣が考えられます。

偏った食生活、過度の飲酒、睡眠不足、運動不足、不規則な生活、肌のケアを怠ること。そして紫外線――。

若い時からのそうした日々のちょっとした積み重ねが、徐々に皮膚を衰えさせ、その弾力性を奪い、ある時期から一気に顔を老けさせるのです。

つまり、今のあなたの顔は、これまでのあなた自身の生き方が反映されたもの、ということもできますね。

メイクでは隠しきれない

ぬればぬるほど逆効果？

上まぶたが覆いかぶさって、アイラインがうまく引けない。チークカラーを上のほうに入れても、頬が下がった印象に。ファンデーションをしっかりぬっても、ほうれい線のスジがくっきり――。

皮膚に弾力のある20代頃までの肌トラブルならば、メイクでカバーできます。

けれども、30代になり、たるみが進んでくると、もうメイクではカバーしきれません。むしろ、なんとか目立たなくしようとファンデーションを厚ぬりすればするほど、たるみの線を際立たせ、逆効果になってしまいます。

根本原因を見極めて

たるみは、顔の形状そのものを変化させているので、メイクでもカバーしきれません。では、どうすればいいのでしょうか。

状態が軽いうちは、ヒアルロン酸などの注入で、ある程度、改善させることはできるものの、これは一時的なケアにしか過ぎません。というのも、たるみのもとは、頬の筋肉の間に内在する脂肪の塊だからです。

加齢により、脂肪を抑えていた皮膚の組織が弾力性を失うなか、重力によって脂肪の塊はますます下がり、たるみは加速する一方となります。

つまり、たるみの目立つ老け顔を改善しようとすれば、根本原因である余分な脂肪を取り除くしかない、ということです。

シャープな輪郭を取り戻す

日々の努力にも限界あり

生活習慣を整えたり、毎日のスキンケアをしっかり行うなど、日頃からの心がけは、老け顔にならないためのエイジング対策として、とても大事なこと。

けれど、いったんできてしまった肌のたるみやシワに対しては、日々の努力にも限界があります。エステティックに通い続けても頬のたるみが治らない。高価なクリームをぬっても、ほうれい線が消えない。根本の原因が取り除かれていないのですから、それも当然です。そして、こうした場合こそ、美容外科による治療が有効なのです。

美容治療で根本から解決

美容外科では、たるみの根本原因となる脂肪を適切に軽減し、バランスよく皮膚を整えることで、たるみを解消します。

上まぶたや頬、あごなどのたるみだけでなく、細かなシワ、暗い印象を与えてしまう目の下のクマ、たるみなども、根本原因を見極めた上で、目的に応じて治療を行います。

そうして、たるみやシワが解消されれば、崩れかけたフェイスラインも整い、シャープな輪郭を取り戻せます。さらに、目のまわりが改善されれば、目の開きは大きく、目元も明るくなるのです。

アンチエイジングの美容外科治療とは

年齢を重ねても老け込まない

実年齢よりも老けて見える。顔に自信がない。それがコンプレックスとなり、積極的に人とかかわれない。若い頃に比べて、出不精になってしまった――。

中高年の方たちのそんな声を聞くことがあります。人生は長く、まだまだこれからだというのに、そんな気持ちになってしまうのは、とてももったいないないですね。

その一方で、若い頃以上にエネルギッシュに楽しみを見つけて、人生を謳歌しているシニア世代の人たちもいます。

いずれにしても、年齢を重ねても、魂までが老け込む必要はありません。若々しくあろうとする魂と調和するように、肉体は健康で、顔立ちもいきいきと輝き、美しくありたいものです。

身近になった美容外科治療

可能な限り、老化の兆候を減らし、いつまでも魅力的であり続けるよう、外科的なアプローチで対処するのがアンチエイジングの美容外科治療です。

美容外科というと、「芸能人やセレブなど、一部の人たちだけのもの」というイメージをいだいたり、「自分には敷居が高い」と思われる方もいるでしょう。

けれど最近では、肌のくすみやシワ、たるみの解消など、その人の美しさにあった、安全で自然な仕上がりでリファインする、若々しさのための医療として、とても身近なものになってきているのです。

「トータルフェイスデザイン」という考え方

良い効果が影響しあって

顔は老ける場所が決まっている、と先に説明しました。眼瞼周囲、頬、あご、首まわりです。そして、この部分を中心に、老化にともなう外見的変化を改善するのが、私が行っているアンチエイジング外科治療です。

目元については、目の皮膚の下の構造そのものを修正し、脂肪を適切に調整する「アイデザイン」というオリジナルの治療法を実施。頬のたるみは、原因となる頬脂肪（バッカルファット）を軽減する、これもオリジナルの「頬たるみ治療」を行っています。

顔の皮膚はつながっているので、目の下の治療が目元全体に良い効果をもたらします。また、頬についても、余分な脂肪を取り除くことで、頬組織への負荷が大幅に減り、顔全体が自然とリフトアップ。下がっていた口角は上がり、口元も若々しさを取り戻します。あごもスッキリ。

必要最小限の治療で顔全体の美しさを

一つが変われば、すべてが変わる――。

根本原因を見極め、科学的根拠に基づいた上で、必要最小限の治療だけを行う。それにより、顔全体の自然な美しさを実現して、その人の魅力を最大限に引き出すようにする。

こうした「トータルフェイスデザイン」という考え方が、私のアンチエイジング治療のベースとなっています。

銀座CUVOクリニックがしていること

治療は一生に一度でいい

前述のように、銀座CUVOでは目のまわりや頬のたるみ、「アイデザイン」「頬たるみ治療」など、オリジナルの治療方法を実施しています。

詳しい手術方法は後のページで紹介していますが、その特色の一つが、メスを使って皮膚を切開するのではなく、カラダへの負担が少なく安全なレーザーを用いる方法を導入していること。傷跡も残りません。

もう一つの大きな特色は、治療は一生に一度でいいこと。というのも、問題の根本を見極め、原因となる余分な脂肪を取り除いているので、治療効果は永久的なのです。

今までのように表に見える部分だけを治療しても、それは一時的な処置。皮膚を引っ張り上げるフェイスリフトでは、頬はまた脂肪の重みで下がってきて、根本的な改善にはならないでしょう。

安全で確実な治療を

目の下のクマやたるみをとる「アイデザイン」は現在、年間約700の症例数があります。スタートした2005年から数えると約10000例（2019年12月現在）です。

頬のたるみ治療の開始は2008年。これまでの症例数は約800例を数えます。

こうした実績が、皆さんに安全で確実な治療を提供できる私の自信となっています。

予防から始まる「トータルフェイスデザイン」でアンチエイジング

老化が目立つ前に

私のクリニックには、10代後半から80代までの方々が来院されますが、その中でも、たるみ治療の中心は50歳前後です。老けて見える自分の顔にハッと気づき、クリニックの門を叩くのでしょう。

いくつになっても美しく魅力的でありたいと思う姿勢は、前向きで素敵です。ただ、もう少し若い年齢で来ていただいてもよかったな、とも思うのです。

というのも、加齢にともない、いずれたるみは生じます。そうであれば、たるみで顔の形状が変わる前に、治療で原因を取り除いておいたほうが、老化の影響を抑えることができ、ずっと実年齢より若い自分でいられるからです。

若い人からシルバー世代まで

たるみは皮膚の奥、見えないところで20代頃から少しずつ始まっています。30代ではまだ目立ちませんが、この頃までに「トータルフェイスデザイン」で治療をしておくと、エイジング予防効果があります。

カラダの成長は10代の終わり頃には止まります。予防という観点からすれば、成長期を終えた若い時期からのエイジング対策は必要です。

ですから、将来に備え、たるみ治療を20代のうちに受けてもいいのです。

老化が顕著化する40代後半以降になって気づいたとしても、慌てる心配はありません。50代、60代の方も多く治療に訪れ、皆さん若返っています。

予防を考える若者から、若々しくと願うシルバー世代まで、すべての人たちがアンチエイジング医療の対象なのです。

銀座CUVOクリニック
「トータルフェイスデザイン」の3つのポイント

適切な脂肪量の軽減が可能

「トータルフェイスデザイン」では、カウンセリングからアフターケアまで全てを、私自身が行います。

長年の経験で脂肪のつき具合を立体的に的確に把握できるから、どのくらい取り除けば理想のフェイスデザインになるかということを把握しています。

最小限の切開でダウンタイム※を大幅に軽減

例えば目の下の脂肪や頬の脂肪位置を正確に把握し、切開範囲も小さく済むため神経を傷つけてしまうリスクも極めて低いです。最適な施術で、施術後の痛みや腫れなどのダウンタイムを最小限に抑えることが可能です 。

※ダウンタイム：施術してから術前の生活を取り戻せるまでの期間。

たるみの改善だけではなく、将来的なたるみの予防にも

たるみ具合や脂肪の量、左右のバランスなどを考えて、患者様に合わせて適切な量の脂肪を軽減しますので、たるみ改善だけでなく将来的なたるみ予防を行うことが可能です。

本来もっている自然な美しさを実現したい

銀座CUVOクリニックの治療理念

緊急性を伴わないから治療に迷い

美容治療は日々進歩しており、治療手技やそのコンセプト、使用される材料やレーザー機器類も多種多様です。その結果、治療を受ける患者さんは、どの治療が自分に適しているのか迷いが生じる場合が少なくありません。

治療を行う医師は、一人ひとりの患者さんにとって本当に必要な治療を慎重に選択し、提示する必要があります。

多忙な現代人は、少しでも早く病気や外傷から回復し、しかも傷あと等の後遺症が残らない、質の高い医療を望むようになりました。特に美容医療では、最大限の低侵襲技術で臨むべきです。何故なら、美容外科は「緊急性を伴わない、本人の希望による手術」そのものの医療行為だからです。

必要かつ最小限の治療であること

銀座ＣＵＶＯクリニックの治療理念は、患者さんにとって本当に必要かつ、可能な限り最小限の治療であること。

その理念を実現するために、当クリニックでは皮膚切開を用いないオリジナルの施術法「トータルフェイスデザイン」を確立しました。口腔内や目の裏側の結膜面から高周波レーザーメスを用いることで、傷あとを残さずほとんど出血することなく施術することが可能となりました。この治療を用いると、これまで皮膚切開を用いなければ改善されなかった中高年以降のたるみの強い方々も安心して治療することができるようになり、良好な成績が得られるようになりました。

美容医療は患者さんの人生を左右する極めて重大な決意です。それを引き受ける銀座ＣＵＶＯクリニックでは、揺るぎない技術に裏付けされた手術手技のもと、患者さんの恩恵（メリット）を最優先に「トータルフェイスデザイン」を行っています。

トータルフェイスデザイン美容治療

銀座ＣＵＶＯクリニックのトータルフェイスデザインは、目の周りのシワ、目の上下のたるみ、目の下のクマ、眼瞼下垂、頬や首のたるみなど顔全体が治療対象となります。

銀座ＣＵＶＯクリニックで行う主な治療

1 眼周囲の治療

目のまわりのたるみの主な原因は皮下に存在する過剰脂肪組織です。過剰脂肪を軽減することで、たるみは大幅に改善されます。

2 眉間や額の抗加齢外科治療

眉間や額のシワはヒアルロン酸やボトックス注射等で、できるだけメスを使わずに治療します。額にシワを寄せる原因は、時として目の上のたるみや眼瞼下垂が原因であることも少なくありません。そういった場合、額のシワの根本的原因である上眼瞼の問題点を改善することで額のシワを解決できます。

3 頬や首の抗加齢外科治療

頬のたるみは頬脂肪（バッカルファット）が主な原因である場合が少なくありません。その場合、いわゆる〝フェイスリフト〟のような皮膚切開を行わず、レーザー治療で口腔粘膜側から頬脂肪（バッカルファット）を軽減し、頬のたるみを改善します。

比較的年齢が高く、あきらかに皮膚のたるみも存在する場合、頬脂肪軽減後、耳横に小切開を加え、皮膚自体のたるみも引き上げます（プチリフト法）。

首のたるみの場合、その原因が皮下に蓄積した過剰脂肪であれば、脂肪吸引法を行うことで改善します。皮膚自体にもたるみが存在する場合は、脂肪吸引後、耳後部に切開を加え、皮膚のリフトアップを行います。

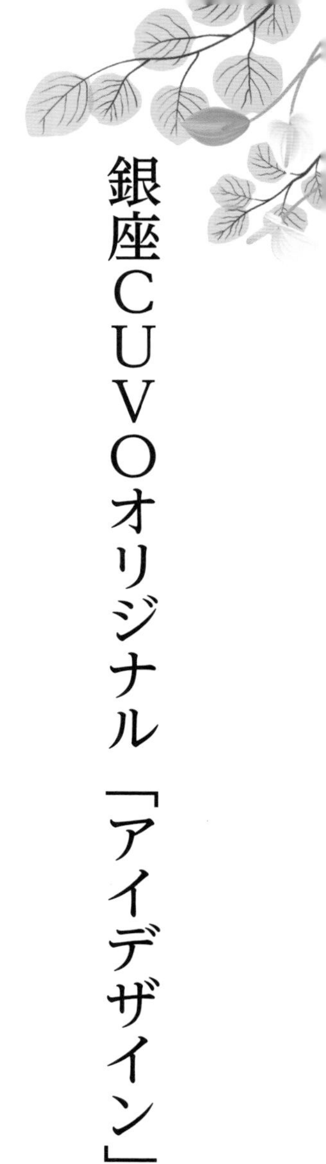

銀座ＣＵＶＯオリジナル「アイデザイン」

レーザーによる脂肪軽減

銀座ＣＵＶＯクリニックを語る一つの例として、オリジナル施術である「アイデザイン」をご紹介します。

若さと容貌の印象を決める最大のポイントは、いうまでもなく目です。30歳代以降の日本人の８割に老化現象としてあらわれるのが、目の下のたるみです。このたるみの原因と問題点は、目の周囲に存在する脂肪であり、この脂肪の量を適度に調整することが、自然で美しく見える最大のポイントとなってくるのです。

当クリニックでは、レーザーによる目の周囲の脂肪軽減を行っています。従来のメスを用いた手術とは異なり、痛みもなく、30～40分で終了します。

安全で自然な治療結果

この目の下のたるみをとるアンチエイジング手術は、最も得意とする美容外科の技術で、銀座CUVOオリジナルの施術です。米国留学中に習得した治療法に工夫を重ね、目の下のたるみの主原因である脂肪を軽減することで、皮膚切開せずに下眼瞼皮膚自体をリフトアップする画期的な方法「アイデザイン」を開発しました。その結果、年齢を問わず目の下のたるみを解決できるようになりました。

最先端の皮膚科学的療法と美容外科療法の両面から患者さんを診断し、最適なアイデザインをご提案します。原則的に糸やシリコンなどの異物を使用せず、治療結果は極めて安全で自然なものとなります。

治療は一生に一度

「アイデザイン」による脂肪軽減の治療効果は永久的ですから、目元の外科的な手術は卒業。それ以上は必要ありません。

「アイデザイン」による
目の下のクマ・たるみ治療

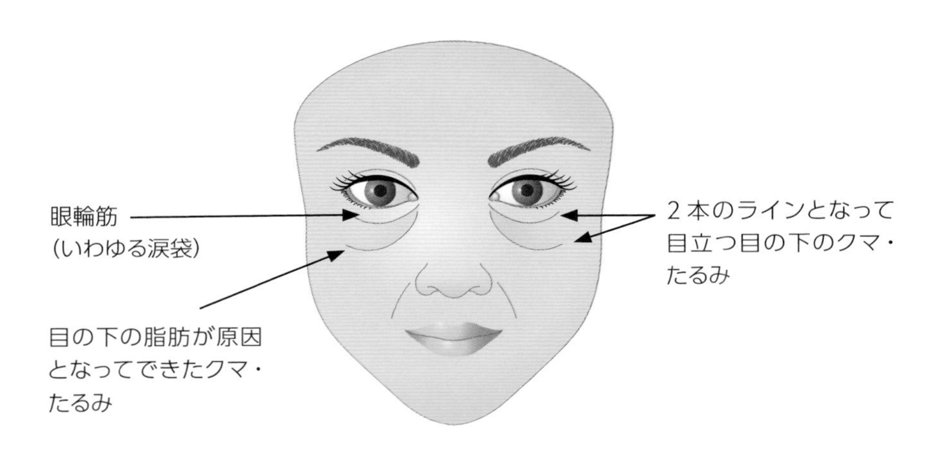

目の下のクマ・たるみのイラストです。 眼輪筋（いわゆる涙袋）の下に過剰脂肪が原因となったクマ・たるみがあり、目の下に２本の線が見えます。この状態を放置すると、皮膚が余り、老化を感じさせるたるんだ状態となってしまいます。

目の下のクマ・たるみの違い

目の下のクマは、下眼瞼にいわゆる〝ハの字〟の影ができていたり、下眼瞼の皮膚色素が黒く目立つ状態です。クマは、目の下のたるみと異なり、必ずしも加齢に伴う眼窩脂肪の前方突出が原因ではなく、生まれ持った下眼瞼構造の不具合がその主な原因です。

クマは、比較的若年層から発生することが多く、若くて元気であるにも関わらず、疲れていたり不健康に見られるので、本人にとっては著しいコンプレックスとなります。

目の下のたるみは、目を外的障害や低温から守る役割をする下眼窩脂肪と呼ばれる脂肪組織が加齢に伴って前方に突出してくるために、目の下が膨らんだ状態になる下垂が原因とされています。

目の下のたるみ症状は、あくまで下眼窩脂肪の前方突出が主体となります。一般の方々は下眼瞼皮膚自体がたるんでいると誤解することが多いようですが、実際には皮膚のたるみはほとんどなく、前方突出した脂肪が皮膚をたるんでいるように見せているに過ぎません。したがってその治療は、皮膚切開をして皮膚のたるみを取るのではなく、前方突出した下眼瞼脂肪を適切に軽減することがふさわしいのです。

施術の流れ

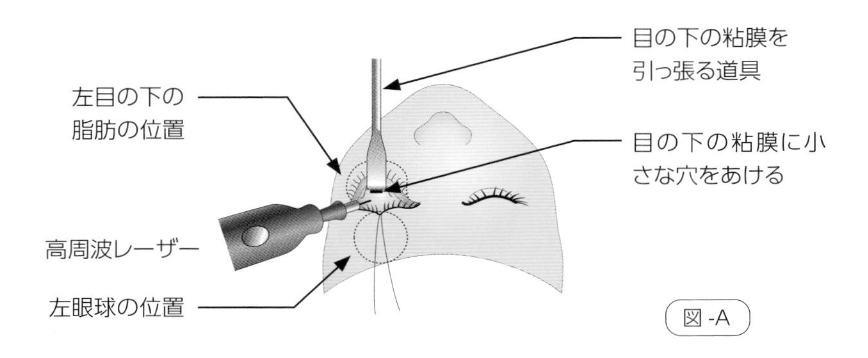

①高周波レーザーを使って、目の下の裏の粘膜から小さな穴を開けていきます（図－ A)。眼球の位置とは距離があるので、目に傷をつけるといった危険性は全くありません。

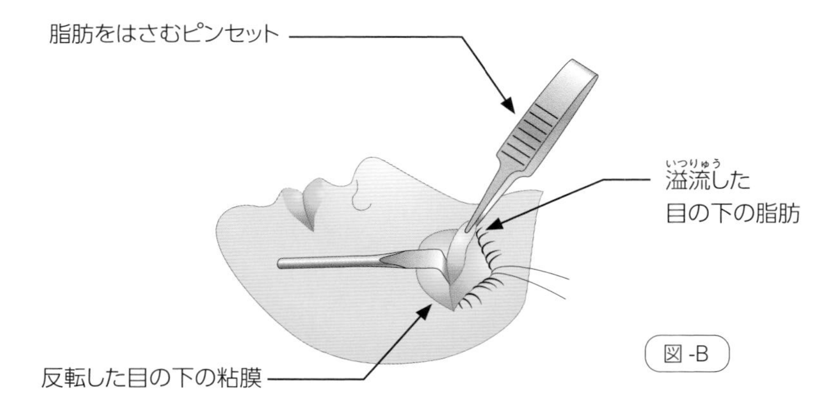

②目の下の粘膜から過剰脂肪が出てきます（図－ B)。この余剰脂肪は適度に軽減します。全体量の 5 ～ 6 割程度の軽減が一般的です。クマの主な原因である皮膚下垂を修正しリフトアップさせることで、クマは大幅に解消されます。

たるみの場合は、脂肪軽減後、下眼瞼を平坦化します。

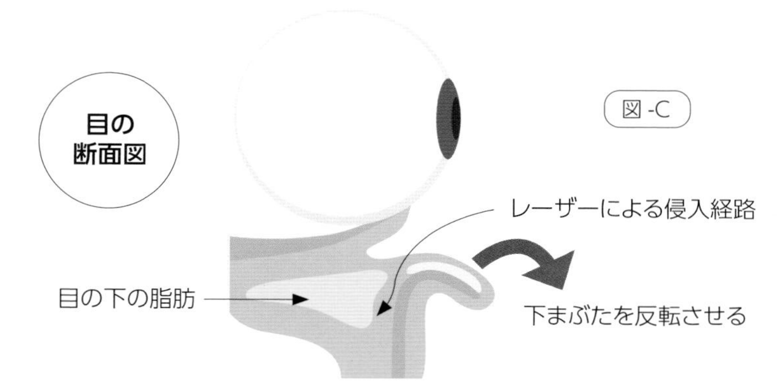

③図－Cは、下まぶたを反転させて施術していく時のレーザーの進入路を示しています。下まぶたの裏の粘膜から侵入するので、目の下に人目につくような傷を残す心配が全くありません。前隔壁アプローチと呼ばれるこの進入経路を用いると、余剰脂肪を正確に軽減することが可能です。

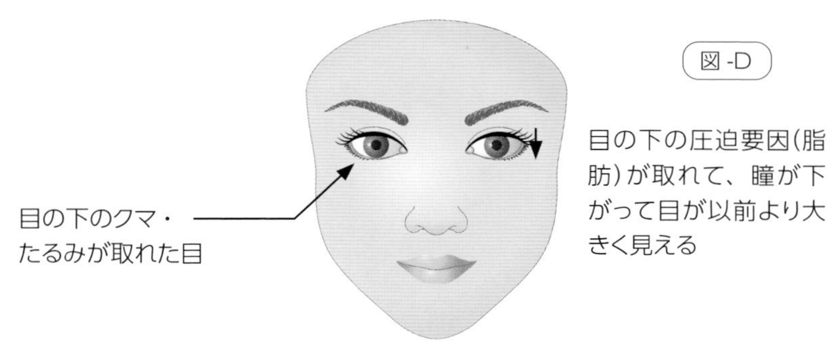

④下眼瞼形成術を行うと、眼球の位置が良い場所にリセットされるので、図-Dのように、眼球の上転傾向は解消し目の開きが良くなります。

クマ・たるみの治療は、皮膚切開をせずに目の裏(結膜)側から進入し、傷跡などの後遺症(リスク)を確実に回避するので、こういったリスクを心配する若年層でも安心して治療に臨めます。また、回復までの時間(ダウンタイム)も早く、2～3日程度で大方の腫れはおさまり、治療前に存在したクマ・たるみは、治療後1ヵ月程度でほぼ解消されるでしょう。

Case 1 目の下のクマ・たるみ

30代女性

〈〈〈本人の悩み〉〉〉

数年前から目の下のクマ・たるみが気になっていたそうです。当クリニックを受診された際、長年持ち続けていた目の下のクマ・たるみの悩みから解放されるのならとご本人は脂肪軽減治療を強く希望していました。

治療方針

年齢が30歳と若いですが、今後目の下のクマ、たるみはさらに悪化していくと思われます。この患者さんの場合、目の下の皮膚にシワも少なく目の裏からの脂肪軽減治療で非常に有効な結果が期待できる症例と言えます。

治療前

両側の目の下の内側目頭側から中心にかけて、軽度の脂肪蓄積を認めます(写真①②Ⓐ Ⓑ)。目の周囲には明らかな色素沈着はありませんが、脂肪蓄積によって今後、目の下のクマ・たるみはさらに悪化していくと思われます。

治療後

治療直後の拡大写真④を見るとわかるように、目の内側から中心にかけて、過剰脂肪の存在した場所がややくぼんだ印象があります。しかし、これは数日のうちに皮膚の弾力性によって、平坦化するのが一般的です。目の下から除去された左右の脂肪量は、下の写真でもわかる通りほぼ同量でした。

⑦採取脂肪

左 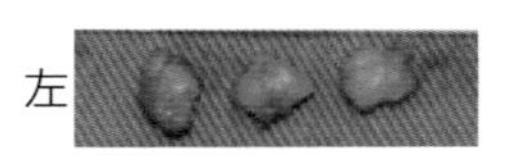

右 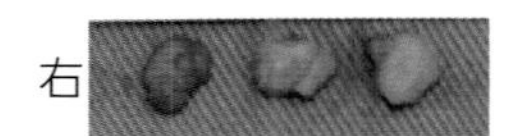

治療後4ヵ月経過し、目の下のむくみ、くぼみは完全に消えたことがわかります(写真⑤⑥Ⓒ Ⓓ)。適切な量の脂肪を丁寧に均一に除去すると、決して目の下が窪んだりすることはなく、自然な感じの出来上がりとなります。本人は長年持ち続けていた目の下のクマ・たるみの悩みから解放され、大変喜んでいます。

治療
前

①治療前正面

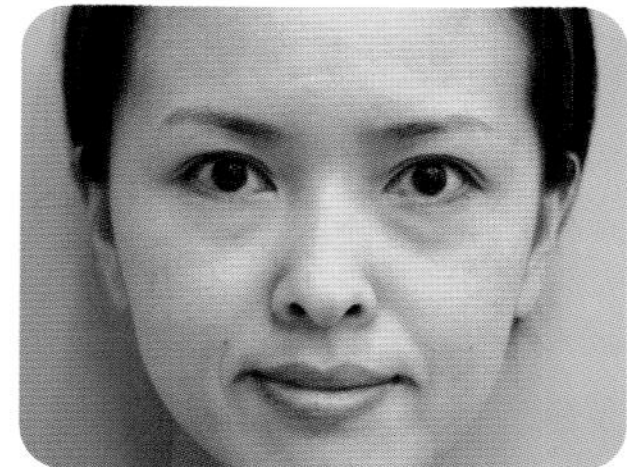

②治療前正面拡大

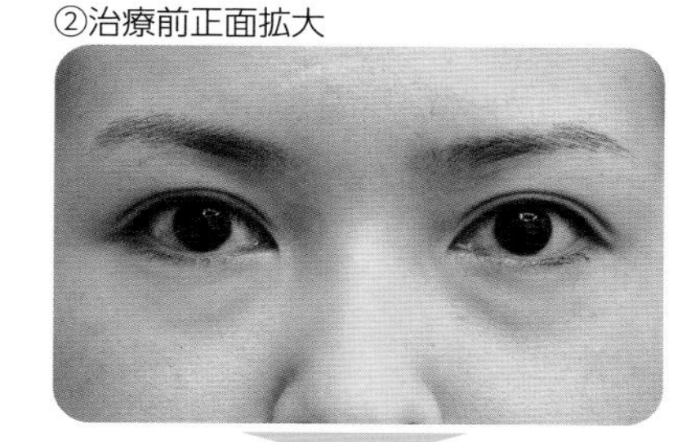

③治療直後正面

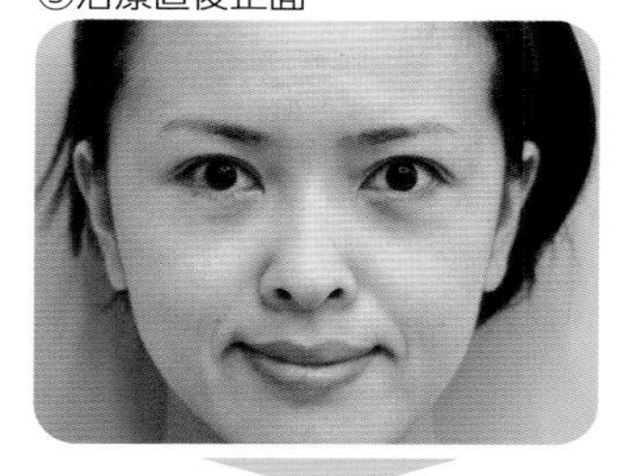

④治療直後正面拡大

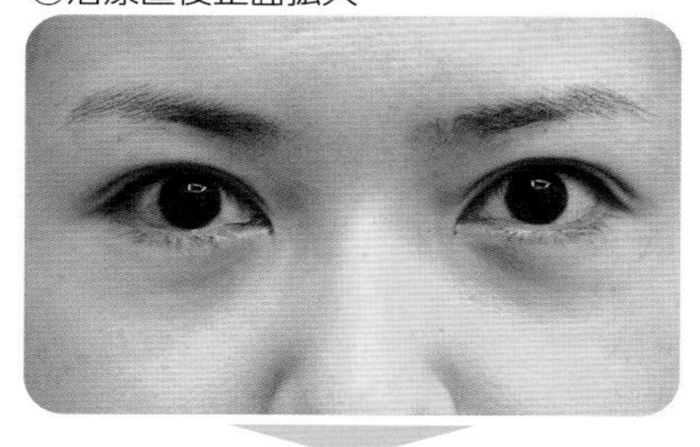

治療後
4ヵ月経過

⑤治療 4ヵ月後正面

⑥治療 4ヵ月後正面拡大

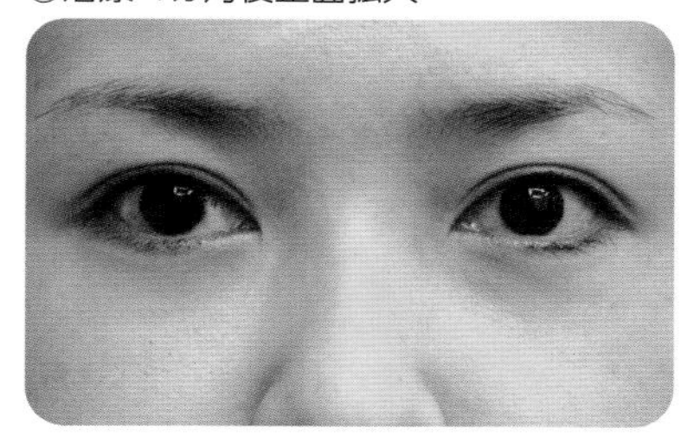

治療
前

Ⓐ治療前右斜め

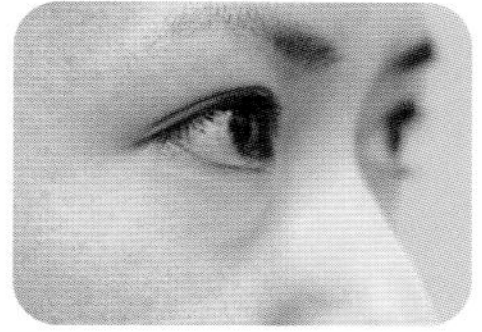

Ⓑ治療前左斜め

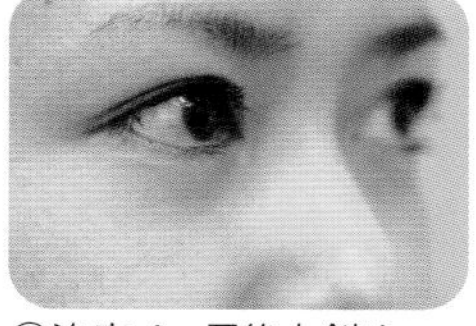

Ⓒ治療 4ヵ月後右斜め

Ⓓ治療 4ヵ月後左斜め

Case 2 目の下のクマ・たるみ

30 代女性

〈〈〈本人の悩み〉〉〉

10 代前半の頃から目の下のクマが気になっていました。年々悪化して、とうとう数ヵ月前、「クマがひどいけれど、疲れているの?」と人から指摘されてしまいました。それが契機となって、思い切って治療を受ける決意をしました。

治療方針

この患者さんのように目の下のたるみが強い場合、皮膚切開法による治療が一般的ですが、傷跡が心配で踏み切れない方が多いのも事実です。当クリニックで行う目の裏側からの治療(下眼瞼形成術)ならば傷跡もなく改善できます。

治療前

治療前写真(①②ⒶⒷ)を見ると、目の下のクマ・たるみが、左側で目立ちます。本人は治療後の皮膚のたるみ、シワ等を心配しているものの、皮膚切開法による治療は受けたくないとのことでした。年齢と皮膚の状態から判断し、目の裏からの目の下のクマ、たるみ治療を行うことにしました。

治療後

治療直後の写真(③④)を見ると、眼輪筋(涙袋)の腫れが目立ちます。たるみの強い左目は治療直後には皮膚が縮んでいないため、まだ目の下のたるみが残っているように見えます。

治療 1 ヵ月後(写真⑤⑥ⒸⒹ)を見みると、両目のたるみと涙袋の腫れもほぼ解消しています。本人は目の下の色素沈着と右目の下のシワ等を気にしています。
このような症状は時間の経過とともに改善し、治療後 3 ヵ月程度でほぼ落ち着きます。もし、早期に改善を望むのであれば、スキンケア治療を行うと良いでしょう。

治療前

①治療前正面

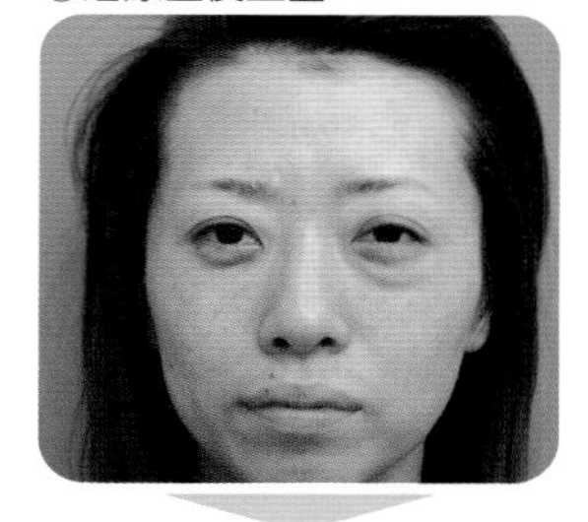

②治療前正面拡大

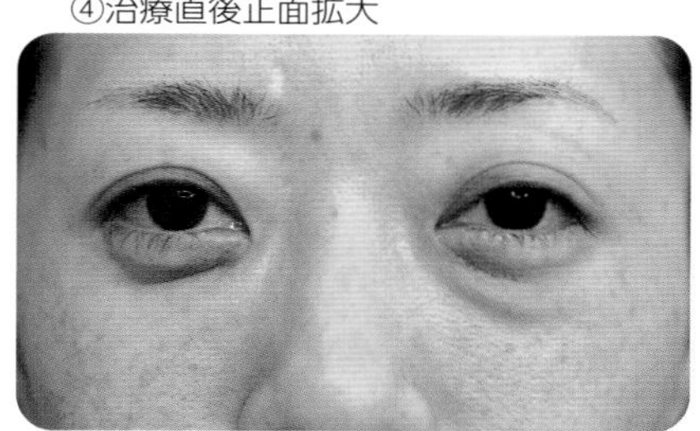

治療後

③治療直後正面

④治療直後正面拡大

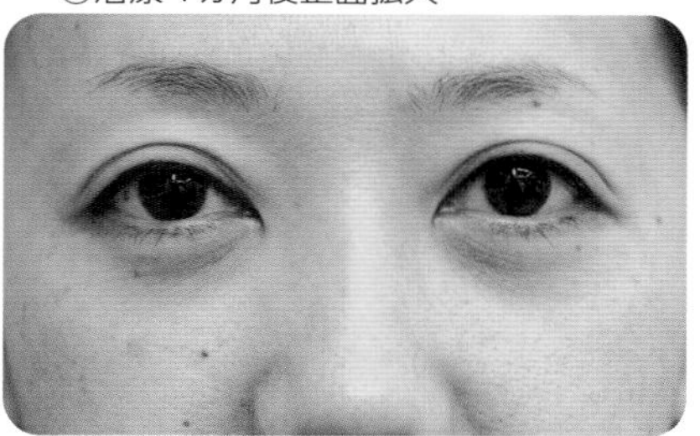

治療後 1ヵ月経過

⑤治療 1ヵ月後正面

⑥治療 1ヵ月後正面拡大

治療前

Ⓐ治療前右斜め

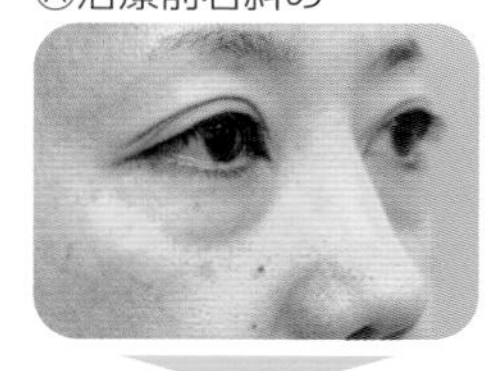

Ⓑ治療前左斜め

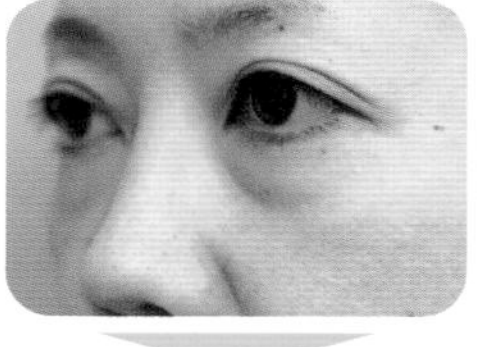

治療後 1ヵ月経過

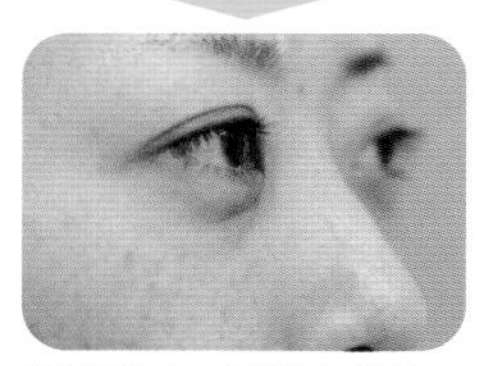

Ⓒ治療 1ヵ月後右斜め

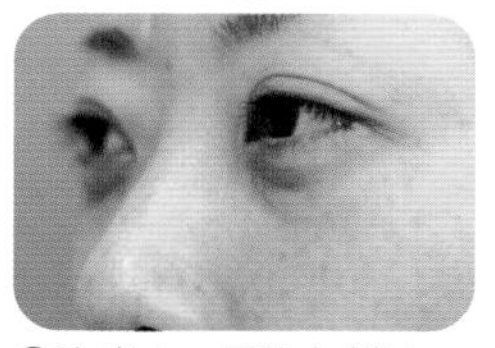

Ⓓ治療 1ヵ月後左斜め

Case 3 目の下のクマ

20代女性

《本人の悩み》

目の下のクマが体調や時間によって変化し、疲れてくると酷くなるとのこと。治療前の写真では前日に良く寝たせいか、あまり目立たない状態ですが普段はもっと目立つとのことでした。

治療方針

さほど目立ちませんが、正面のやや赤黒く見える目の下のクマの要因は過剰脂肪であると判断しました。一度の治療で症状の大半が解消することと、将来の悪化を予防する効果があることから、目の裏からの過剰脂肪摘出による脂肪軽減治療を行うことにしました。

治療前

年齢が22歳と若く、たるみの要素は少ないのでスキンケア（漂白作用のあるビタミンC、ハイドロキノンの塗布やイオン、超音波導入）を先行するべきですが、患者さんの強い希望で目の裏からの脂肪軽減治療を行うことにしました。

①治療前正面

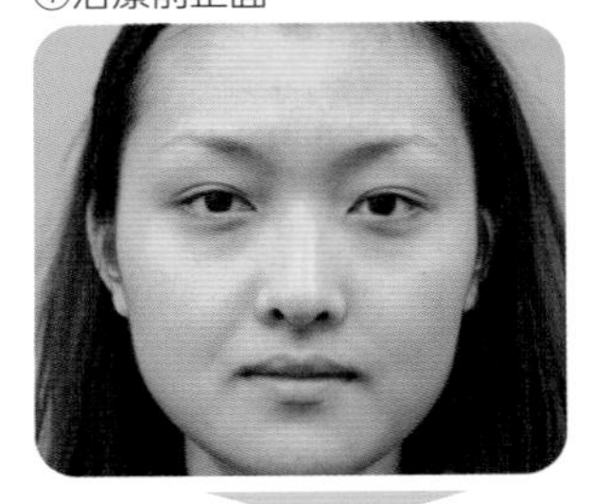

②治療前正面拡大

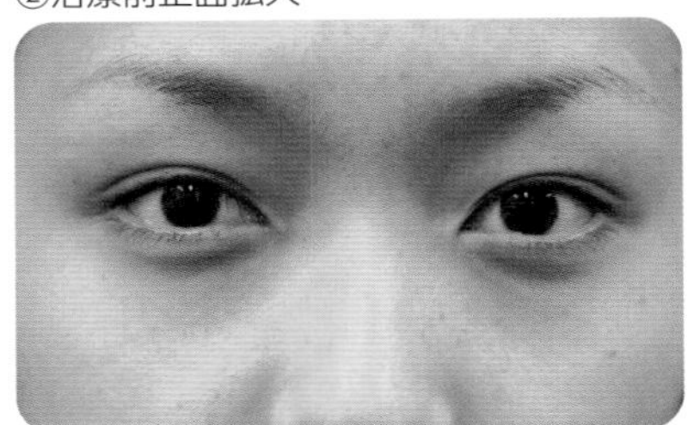

③治療 3ヵ月後正面

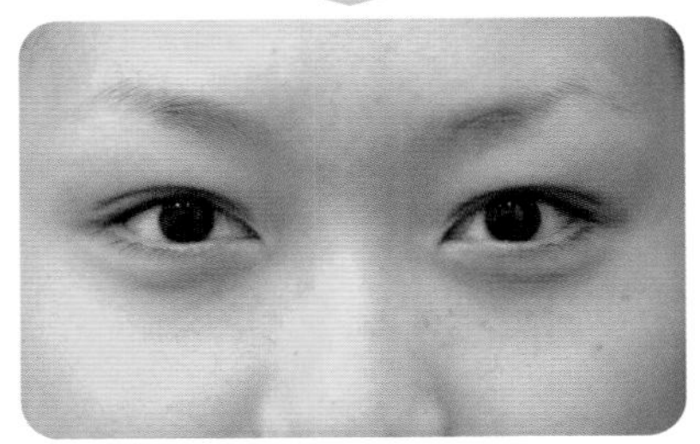

④治療 3ヵ月後正面拡大

治療後

この患者さんの場合、クマ・たるみが目立つ症例ではなかったものの、治療後の経過を見ると目の下に軽度にあった過剰脂肪が取り除かれ、眼輪筋（涙袋）が強調されて見た目の印象が良くなったため、ご本人の満足度は大変高い結果となりました。

Case 4 目の下のクマ・二重

20代女性

《本人の悩み》

数年前より目の下の色素沈着で疲れた印象を持たれているのではないかと、とても気にしていたようです。目の下の色素沈着の治療と同時に二重治療についての相談もかねて来院されました。

治療方針

両側の目の下に色素沈着を認めました。色素沈着に関してはスキンケア治療をお勧めしましたが、目の印象を全体的に良くしたいという患者さんの希望で目の裏からの脂肪軽減治療と、埋没法による一針縫合(プチ二重)にて控えめな二重とすることにしました。

治療前

目の下に茶色い色素沈着が存在しますが、脂肪軽減治療後のスキンケア治療(ビタミンCローション、ハイドロキノン塗布やケミカルピーリング及びビタミンC、プラセンタのイオン導入等)にて改善できます。

①治療前正面

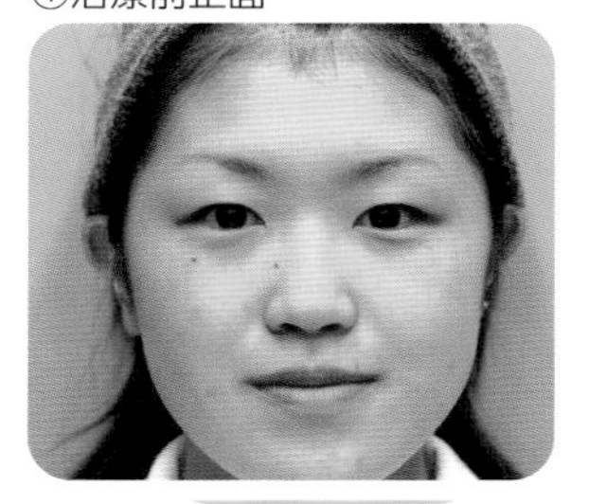

②治療前正面拡大

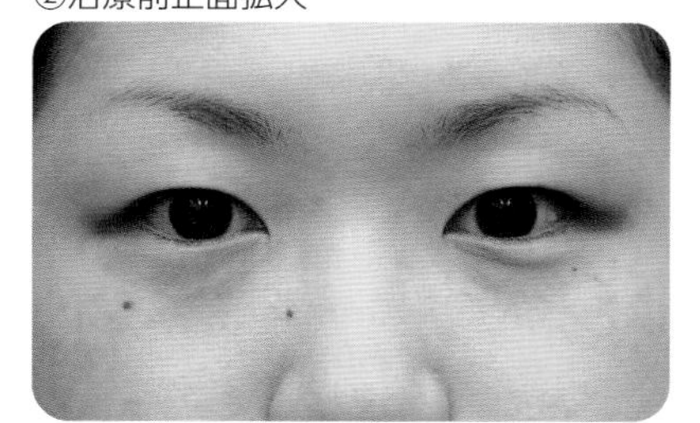

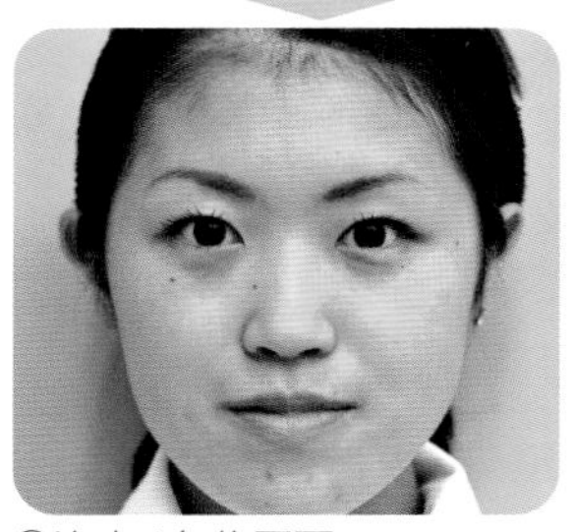

③治療 1年後正面

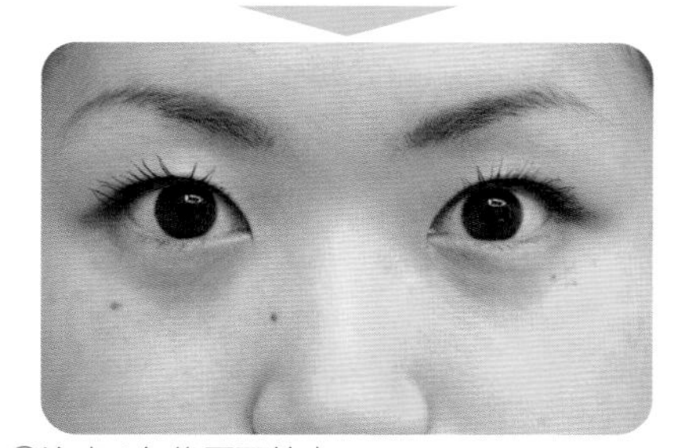

④治療 1年後正面拡大

治療後

上まぶたに対する埋没法(一針)と目の下の脂肪軽減治療により、全体的に目の印象が良くなっていることがわかります。治療1年後の写真を見ると二重は奥二重になって控えめで自然な仕上がりが定着して表情が明るく美人度が増したと評価されます。

Case 5 目の下のクマ・たるみ・眼瞼下垂

20 代女性

〈〈〈本人の悩み〉〉〉

幼少時代からずっと気になっていた目の下のクマ・たるみのことでカウンセリングを受けに来院されました。確かに目の下のクマ・たるみを認め、また上眼瞼を観察すると、軽度眼瞼下垂症を認めます。

治療方針

目の下のクマ・たるみと上眼瞼の軽度眼瞼下垂症は、下眼瞼構造の問題点を解消することで、眼瞼バランスが正常化され、眼瞼下垂など上眼瞼の不具合も解消されると診断しました。目の裏側から行う目の下のクマ治療（経結膜的下眼瞼形成術）を行うことにしました。

治療前

眼上下は眼球を包む結合組織を通して連続しています。つまり、下眼瞼構造の不具合は上眼瞼にまで影響を及ぼし、本症例のように眼瞼下垂傾向をもたらします。過去に行った多くの症例から証明されています。

①治療前正面

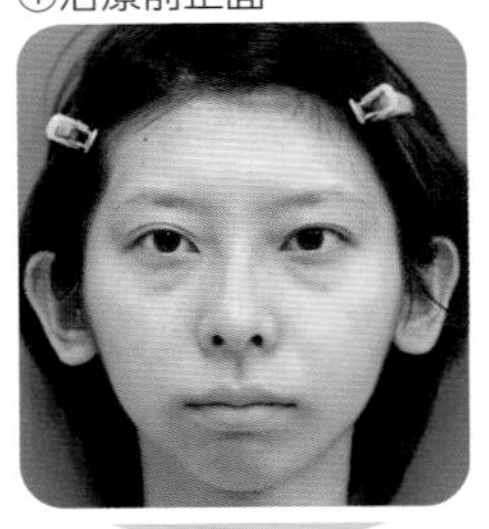

②治療前正面拡大

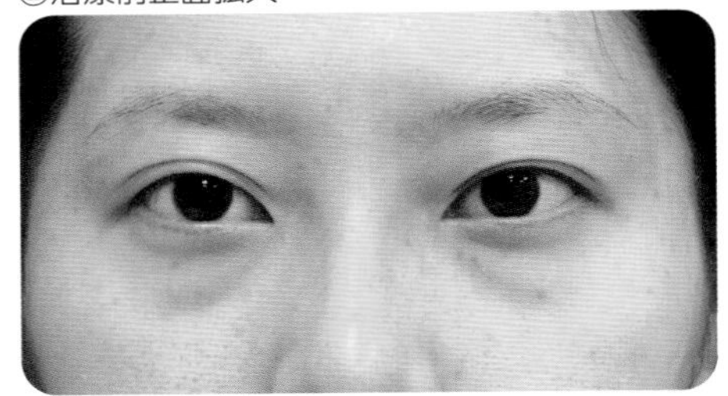

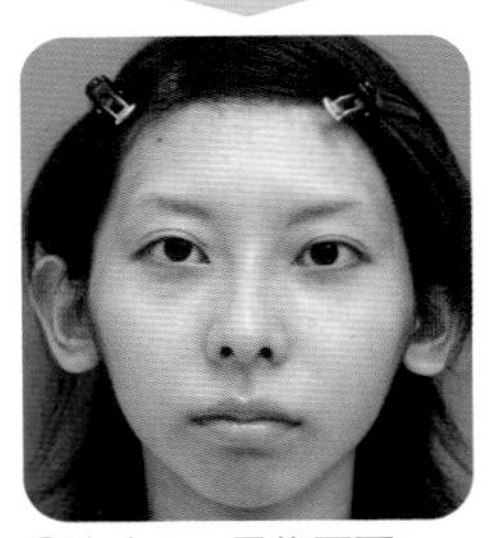

③治療 1ヵ月後正面

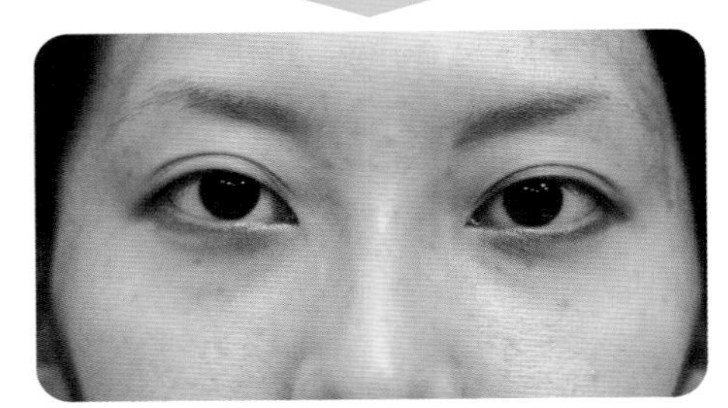

④治療 1ヵ月後正面拡大

治療後

23 歳と若年であるにもかかわらず、やや眼瞼下垂傾向を認めていました。しかし、目の下のクマ、たるみの解消目的で行った下眼瞼形成術によりほぼ解消されました。下眼瞼に軽度色素沈着を認めますが、今後のスキンケア治療が有効でしょう。

Case 6 目の下のクマ

20 代男性

《《《本人の悩み》》》

以前から目の下のクマ症状が気になっていましたが、良い解決法がなく長年悩んでいたそうです。たまたまネット検索で当クリニックを見つけ、カウンセリングを受けに来院されました。

治療方針

眼窩脂肪の前方膨隆（突出）はなく、たるみ症状は認められませんでしたが、典型的な目の下クマ症状が認められました。そこで、目の下のクマを目立たせている下眼瞼構造の根本的改善を図るため、目の裏側から行う下眼瞼形成術を行いました。

治療前

目の下のたるみをともなわない症状の場合、スキンケアによる下眼瞼色素漂白や、ヒアルロン酸注入が一般的ですが、その治療はあくまで一時的で根本的症状の解決にはなりません。当クリニックでは下眼窩構造自体を改善し症状の抜本的解決を図ります。

①治療前正面

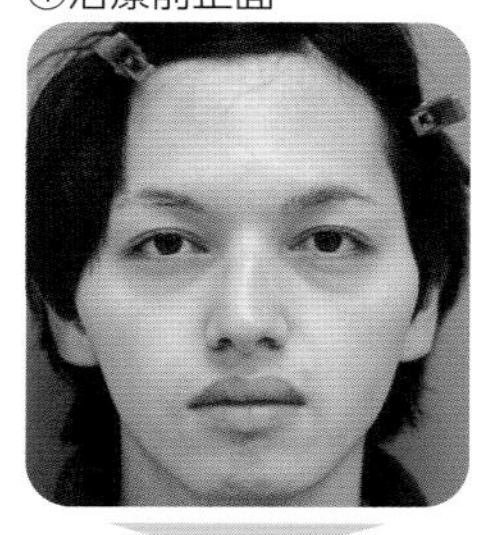

②治療前正面拡大

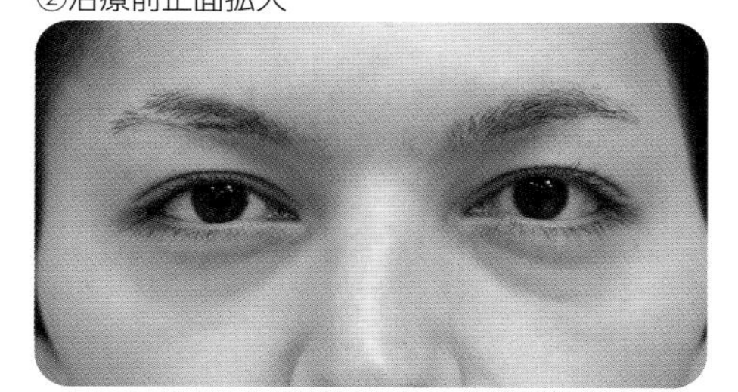

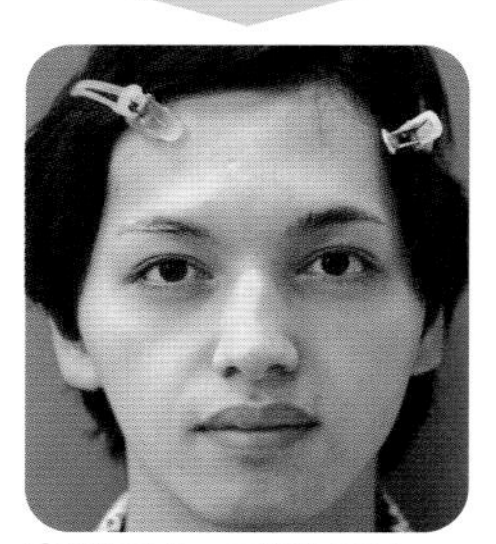

③治療 4ヵ月後正面

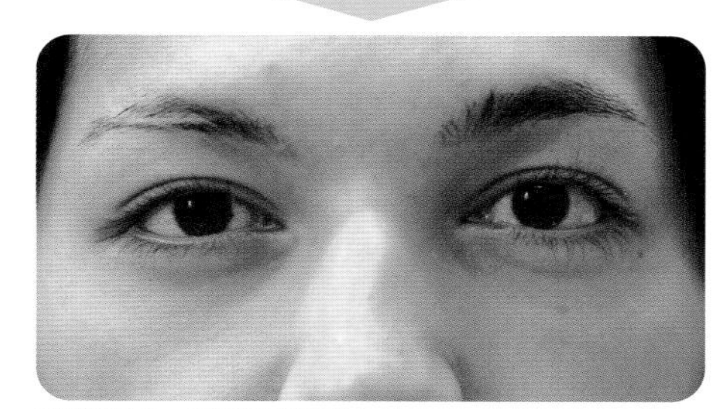

④治療 4ヵ月後正面拡大

治療後

目の下のたるみ症状のないケースでの手術的適応ははじめてでしたが、この症例のように明らかにクマの改善が見られます。一時的なスキンケアによる治療ではなく、原則的に一生に一度のみの治療にて症状の根本的な改善を図るべきです。

Case 7 目の下の凹み

30 代女性

《本人の悩み》

他院にて目の周りの美容治療を複数回にわたって受けたそうですが、治療後に生じてしまった目の周りの傷跡や目の下の内側の凹みが気に入らず、改善の余地があるかどうか、相談のために来院されました。

治療方針

他院にて複数の治療を行った傷跡を修正するのが難しい症例です。目の下の内側の凹みは、他院での治療が内側部位のみに行われたためと考えられます。そこで、過去の治療で生じた内側の癒着剥離除去と外側脂肪摘出、および被膜解離を行うことにしました。

治療前

治療前の写真を見るとわかりますが、両目の下の内側が凹んでしまっているのがはっきりと認識できます。取り除いた脂肪の量を見ると、通常摘出量の 1 ／ 3 程度の脂肪組織等が目の下の外側に存在していました。

①治療前正面

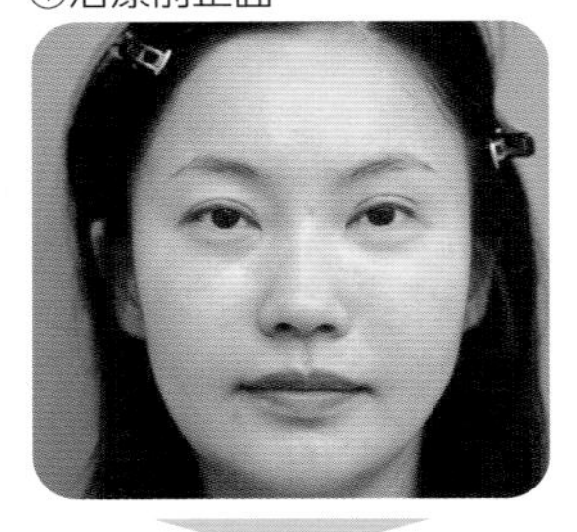

②治療前正面拡大

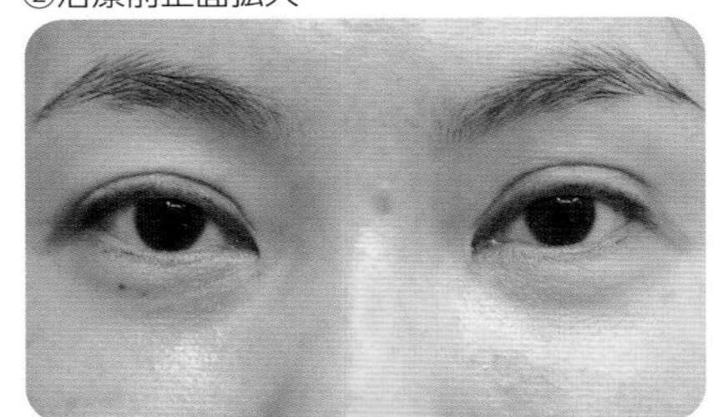

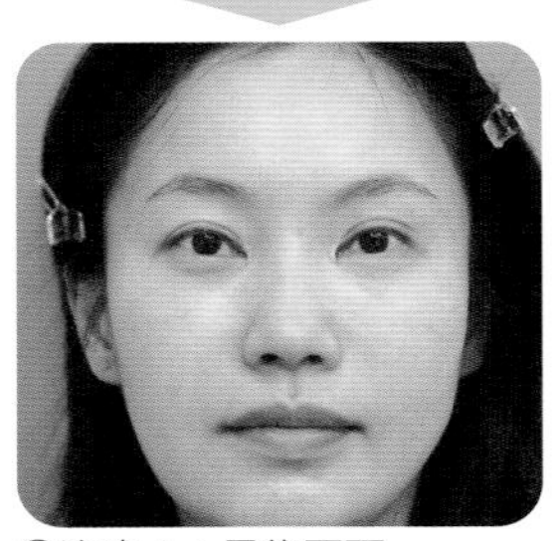

③治療 1ヵ月後正面

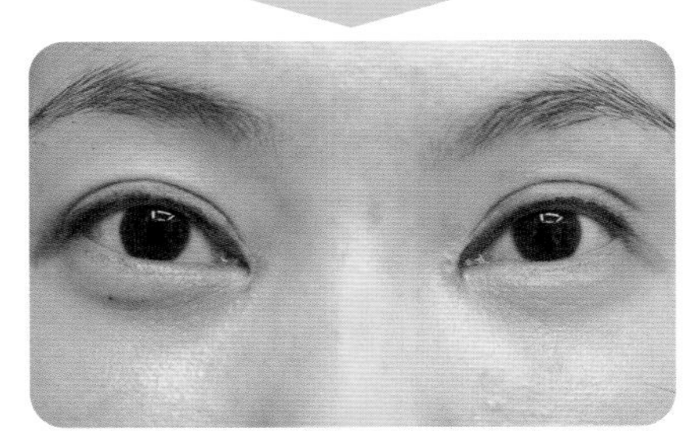

④治療 1ヵ月後正面拡大

治療後

治療 1ヵ月後の写真と治療前の写真を見比べるとわかりますが、治療前に比べて目の下の凹みが改善しているのがわかります。このように一見治療困難に見える目の下の凹みも、目の下の内側、外側のバランスを調整することで大幅に改善できます。

Case 8 目の下のクマ・たるみ

30代女性

〈〈〈本人の悩み〉〉〉

30代後半の女性ですが、最近になって目の下のクマ・たるみが気になり、憂鬱な毎日を送っていたといいます。そこで、当クリニックの傷跡を残さない治療法を知りカウンセリングに来院されました。

治療方針

治療前の写真を見ると、明らかに目の下のクマ・たるみが認められ、眼輪筋と目の下の間にシワの存在も認められます。そこで目の裏側から行う目の下のクマ・たるみ治療（経結膜的下眼瞼形成術）を施行することにしました。

治療前

写真でわかる通り目の下のクマ・たるみの脂肪量は、右よりも左に多く確認されます。左右のたるみの脂肪軽減の量をバランスよく調整しながら下眼瞼形成術を適切に行うことで良好な結果をもたらすと考えます。

①治療前正面

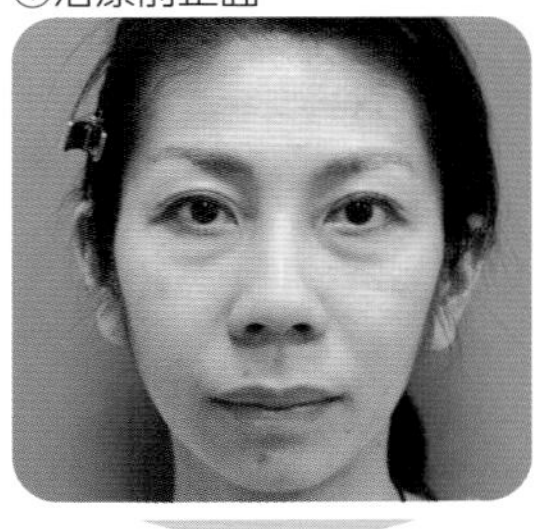

②治療前正面拡大

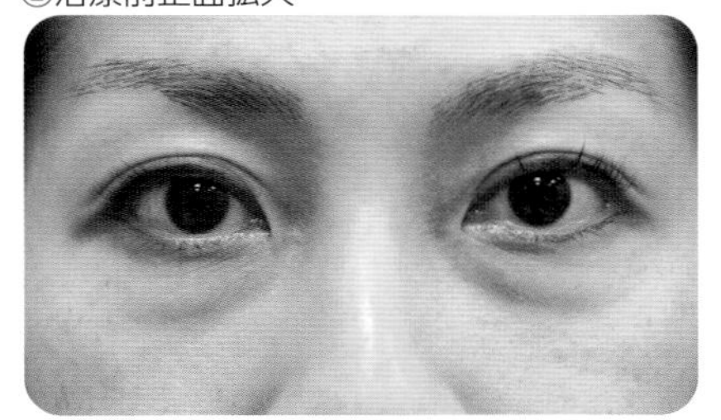

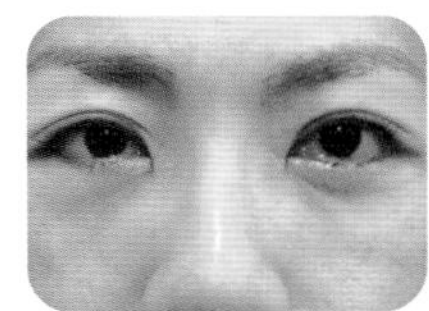

③治療 1日後正面拡大

④治療 3ヵ月後正面

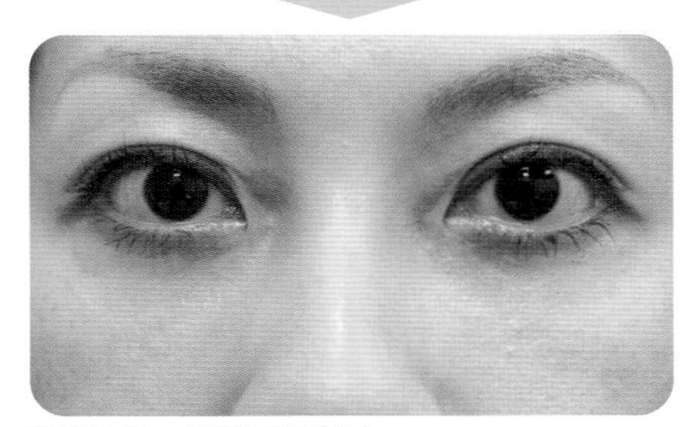

⑤治療 3ヵ月後正面拡大

治療後

治療1日後の写真③では腫れが認められます。体質による個人差がありますが、この方が腫脹の典型的な症例です。これ以上腫れることはほとんどありません。治療後徐々に解消されていき、治療3ヵ月後には完全に解消されていることがわかります。

Case 9 目の下のクマ

30代男性

《《本人の悩み》》

中国出身の男性で、以前から下まぶたのクマ症状が気になっていたそうです。なんとかこの症状を解決したいとネット検索で病院を探して、数ある中から当クリニックを選んで来院されました。

治療方針

本症例では両下眼瞼に典型的クマ症状を認めますが、脂肪膨隆による下瞼たるみ症状は認められないのが特徴です。そこで、下眼窩脂肪の上下・前後・左右移動による下眼瞼の平坦化及び下眼瞼皮膚挙上(リフトアップ)操作でクマ症状の改善を図ります。

治療前

典型的な下瞼のクマ・たるみと異なり、下眼窩脂肪はほとんどないにも関わらず症状が顕著な若年性のクマ症例です。こういった症例にむやみに“脱脂”を行うと下眼瞼の陥没・シワ出現・クマ悪化などの症状が出る恐れがあるので厳禁です。

①治療前正面

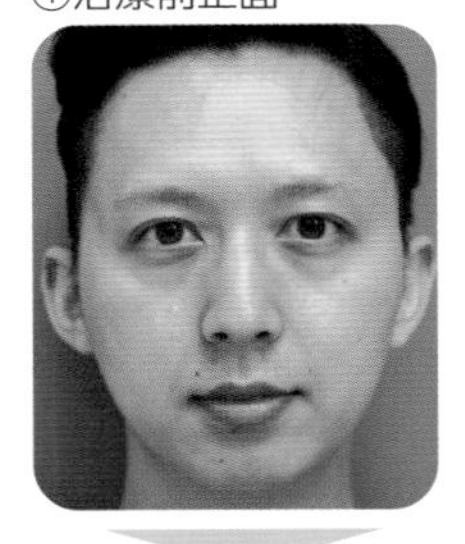

②治療前正面拡大

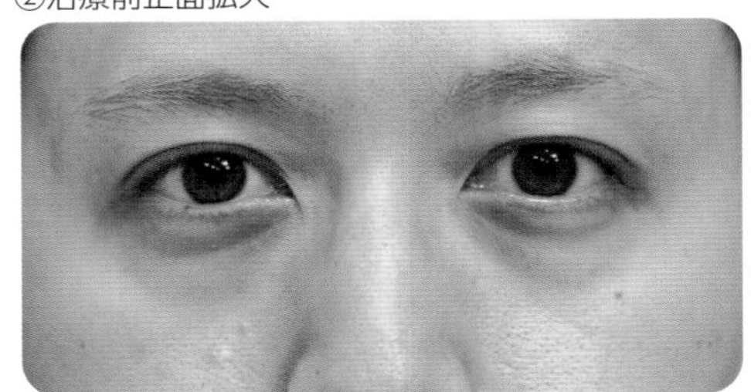

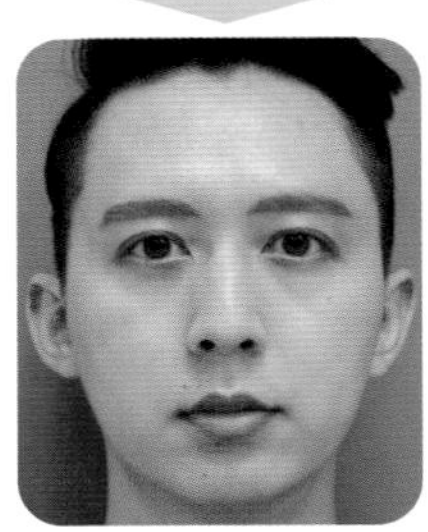

③治療3ヵ月後正面

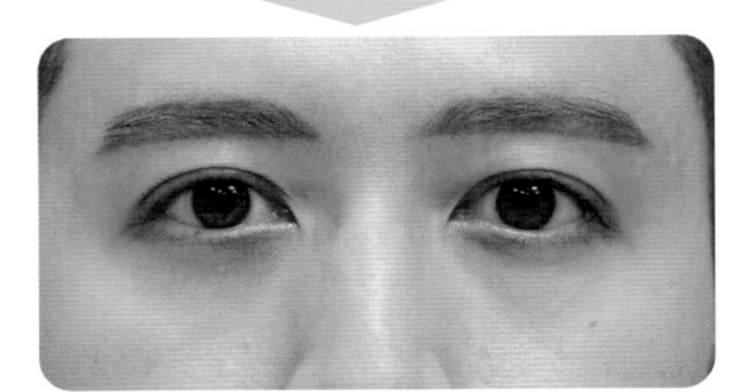

④治療 3ヵ月後正面拡大

治療後

治療前に見られた下眼瞼のクマ症状は治療で大幅に軽減し無事終了しました。治療 3ヵ月後の写真③④を見るとクマ症状は改善し、患者さんの満足度は大変高い結果となりました。

Case 10 目の下のクマ

30 代女性

〈〈〈本人の悩み〉〉〉

30 歳を過ぎたころから目の下にできたクマの影が気になっていたそうですが、このところクマ症状が強くなってきたので不安になり、インターネット検索で当クリニックを探しあて、来院されました。

治療方針

典型的な目の下のクマが認められます。最近になり症状が悪化したという原因は、下眼窩脂肪の前方突出（膨隆）で目の下のたるみ症状が併発したためです。たるみ症状の下眼窩脂肪の軽減と下眼瞼構造の改善を図るため、目の裏側から行う下眼瞼形成術を施行します。

治療前

治療前の写真をよく観察すると、下眼瞼症状だけでなく上眼瞼の陥没や軽度の眼瞼下垂（上瞼の開眼不全）症状が認められます。上・下瞼の両症状が併発しているために、疲れて見えたり、老けた印象を与えてしまいます。

①治療前正面

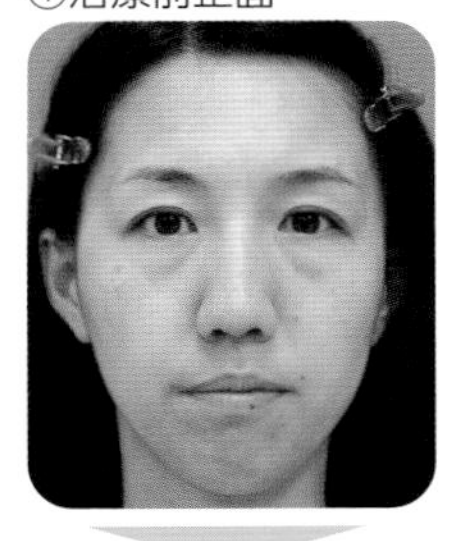

②治療前正面拡大

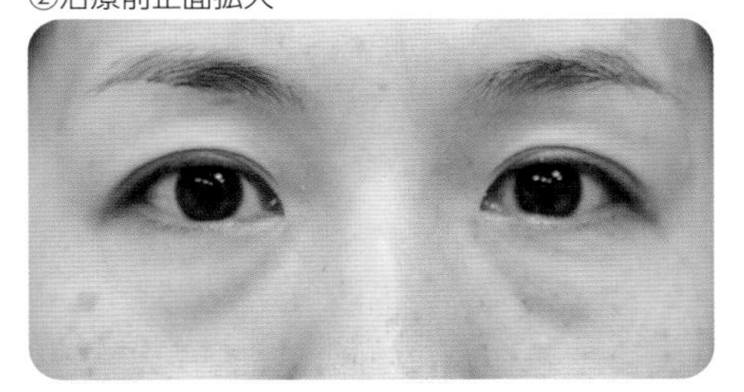

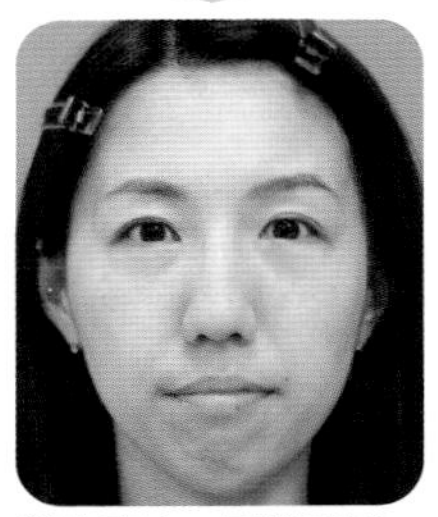

③治療 1ヵ月後正面

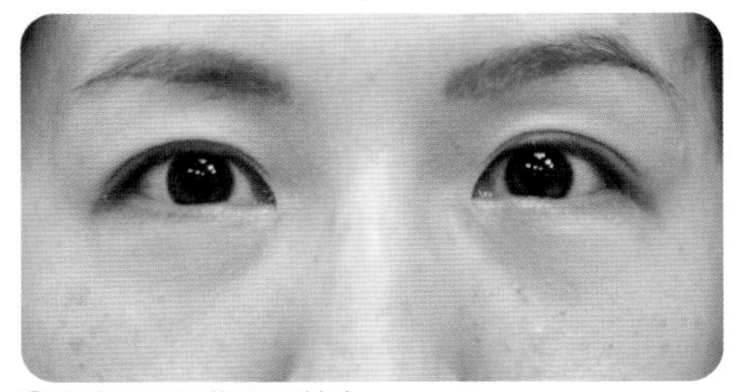

④治療 1ヵ月後正面拡大

治療後

治療1ヵ月後の写真を見ると、治療前に認められた目の下のクマ・たるみ症状は、ほぼ解消されました。本症例のように下眼瞼に適切な治療を行うと、上眼瞼症状も改善されますのです。目の開きが良くなり、顔全体が明るい印象になります。

Case 11 目の下のクマ

40代女性

〈〈〈本人の悩み〉〉〉

この患者さんは、目の下クマの症状があり、老け顔や疲れ顔に見られることでずっと悩んでいました。知人の紹介で来院しカウンセリングを受け、治療を決められました。

治療方針

典型的な下瞼（目の下）のクマ症例です。その原因は下眼窩脂肪の前方突出（膨隆）が下瞼皮膚の色素を強調させているためです。そこで目の裏側から行う下眼瞼形成術にて下瞼膨隆の解消と同時に、クマ症状の大幅な軽減を図ることにしました。

治療前

眼瞼・眼球が大きい方に下まぶたの悩み（クマ・たるみ）が生じやすい印象もありますが、適切な治療を行えば本症例のような症状や色素沈着が軽減改善され、その改善効果で自然で健康的な目元が得られます。

①治療前正面

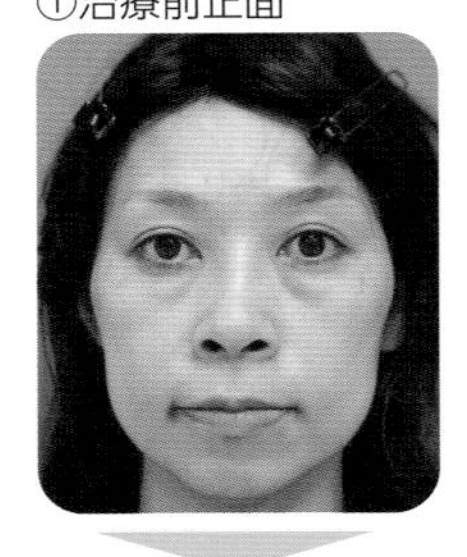

②治療前正面拡大

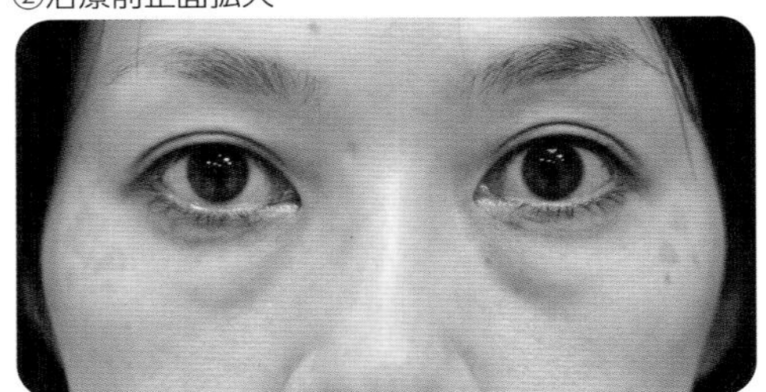

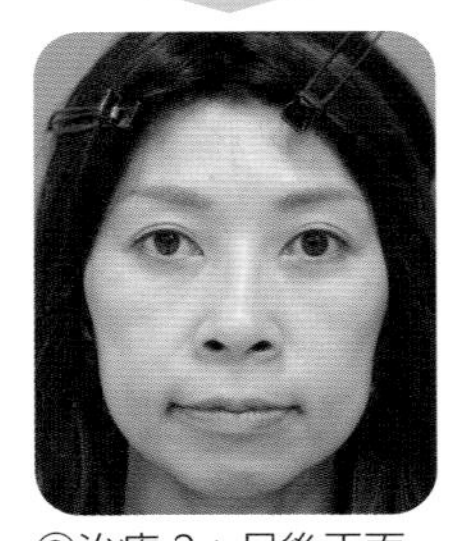

③治療 2ヵ月後正面

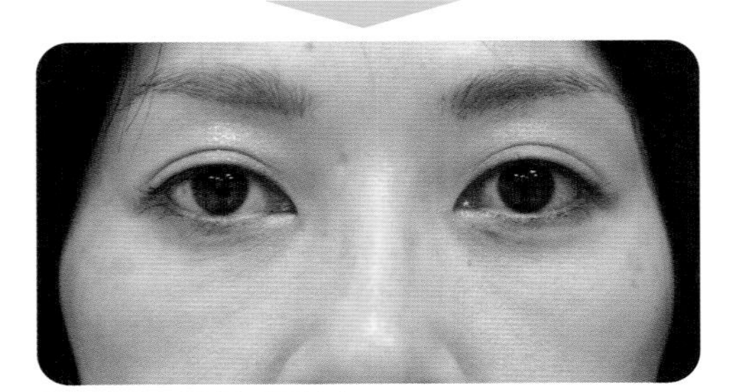

④治療 2ヵ月後正面拡大

治療後

治療直後の腫れもほとんどなく、治療は無事終了しました。そして、治後 2ヵ月後の写真③④を見ると治療前の目の下のクマは、ほぼ解消し、自然で健康的な目元が得られました。

Case 12 目の下のクマ

40 代男性

〈〈〈本人の悩み〉〉〉

3 年ほど前、目の下のクマが気になって来院した患者さんです。その際はカウンセリングのみでした。その後の 3 年間で 20 院程の美容外科でカウンセリングを受けた結果当院にて治療を行う決断に至りました。

治療方針

典型的な目の下のクマ症状です。下眼瞼形成術にて下眼窩脂肪を軽減しながら下眼瞼皮膚を平坦化させます。この治療の優れた点は、症状の改善のみならず、治療前に認められた眼瞼下垂傾向も解消することができ、目元全体の美しさや若さが最大限獲得されることです。

治療前

写真①②を見ると典型的な目の下のクマ症状がはっきりわかります。下眼瞼にクマを目立たせてしまう構造に問題があり、その影響で上眼瞼もやや下垂気味になっています。この症状を軽減すれば改善を図れます。

①治療前正面

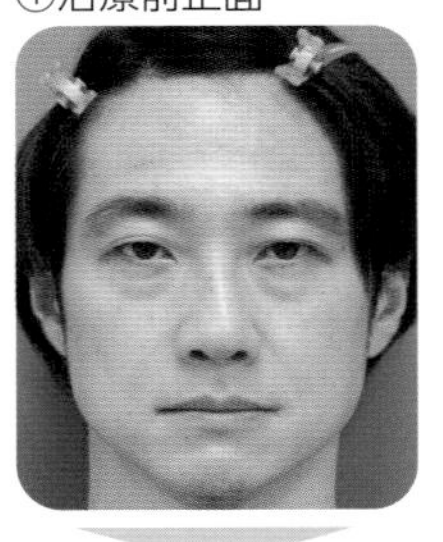

②治療前正面拡大

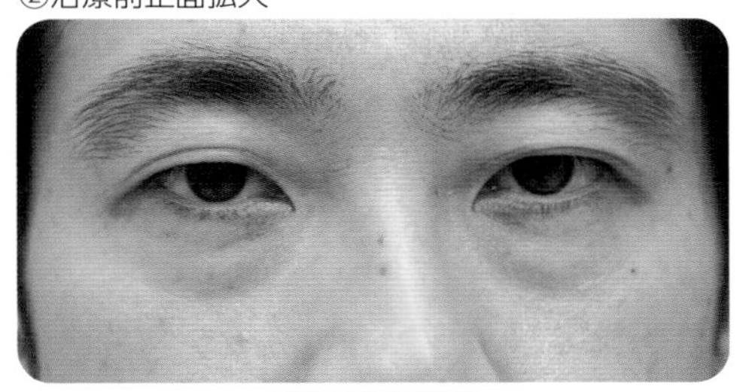

③治療 4ヵ月後正面

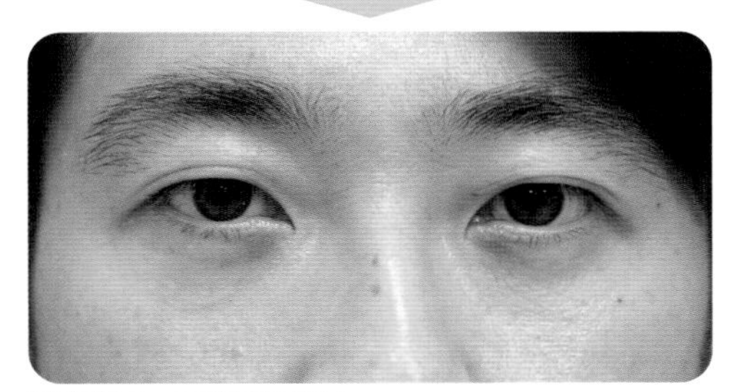

④治療 4ヵ月後正面拡大

治療後

治療 4ヵ月後の写真③④を見ると、目の下のクマ症状だけでなく、治療前に認められた眼瞼下垂気味の症状も解消し、大変良好な結果となりました。症状の改善とともに、目元全体の美しさや若さが得られた症例です。

Case 13 目の下のクマ

40代女性

〈〈〈本人の悩み〉〉〉

以前から目の下のクマに悩まされていましたが、このところ症状が強くなり心配になって他院を受診したところ、目の下の治療を専門的に行うクリニックがあると当院を紹介され来院した患者さんです。

治療方針

典型的な目の下のクマ症状で、やや右>左です。最近になって症状が悪化したのは、下眼窩脂肪の前方膨隆（突出）症状の併発が原因です。目の下のクマ・たるみ症状の原因である下眼窩脂肪の軽減、及び下眼瞼構造の改善を図る目の裏側からの下眼瞼形成術を施行しました。

治療前

この症状は、下眼瞼構造の不具合で眼球収束場所（ソケット）が窮屈で収まりが悪く、眼球がやや上転傾向となり上眼瞼組織がその奥に入り込んでいたためです。上眼瞼症状は下眼瞼の原因を解消することで解決に結びつきます。

①治療前正面

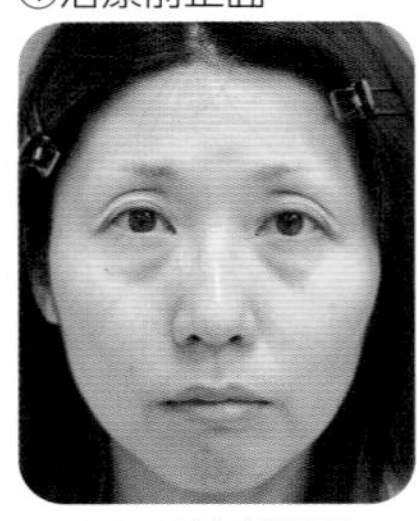

②治療前正面拡大

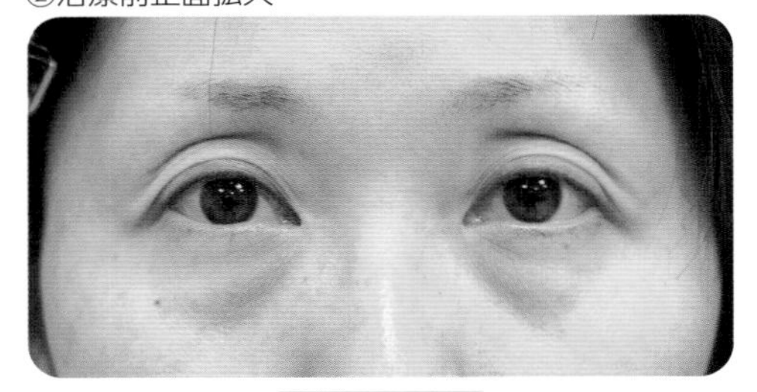

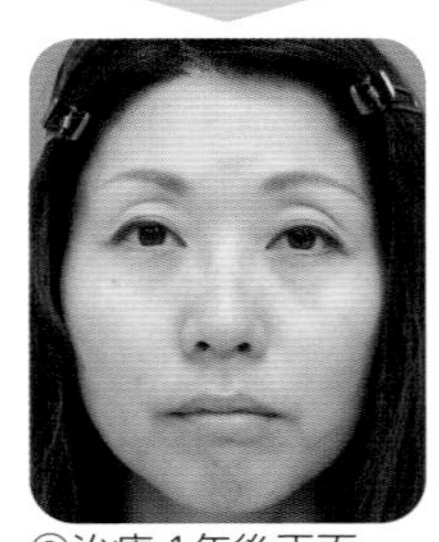

③治療 1年後正面

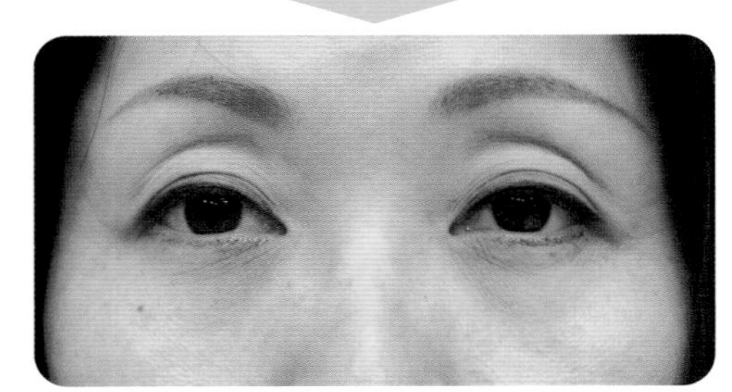

④治療 1年後正面拡大

治療後

治療直後の腫れはほとんどなく、治療後1ヵ月くらいまで軽度の下眼瞼皮膚の色素沈着が残っていたものの、治療 1 年後の写真を見ると、治療前に存在した目の下のクマが解消され落ち着いた目元に改善されました。

Case 14 目の下のたるみ

50代女性

〈〈〈本人の悩み〉〉〉

目の下のたるみの解消を求めて、当クリニックのカウンセリングに来院されました。ご本人はたるみの解消の治療後にシワが残ってしまわないかを心配しておられました。

治療方針

本症例のような高齢で目の下のたるみが著しい方の場合、下眼窩脂肪軽減だけでなく、皮膚切開をしない皮膚挙上操作を加えます。この施術を適切に行うと、患者さんが心配しておられたような治療後のシワ発生を伴うことなく、良好な結果が得られます。

治療前

加齢に伴う下眼窩脂肪膨隆による顕著な下まぶた(目の下)のたるみには、下瞼皮膚切開法を行うのが一般的でしたが、現在は手術痕が残る心配のない皮膚切開をしない、経結膜的(目の裏側・結膜面アプローチ)な治療法が主流です。

①治療前正面

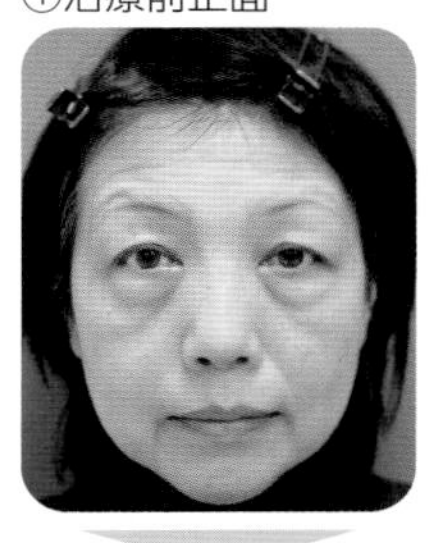

②治療前正面拡大

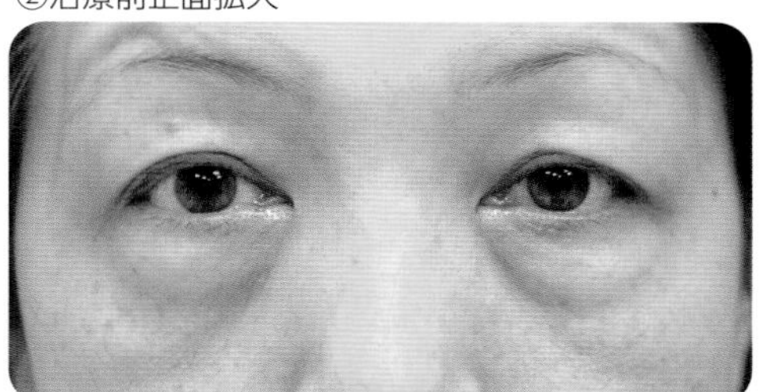

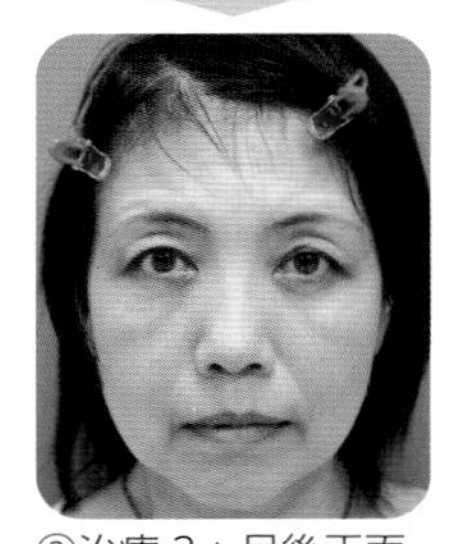

③治療 3ヵ月後正面

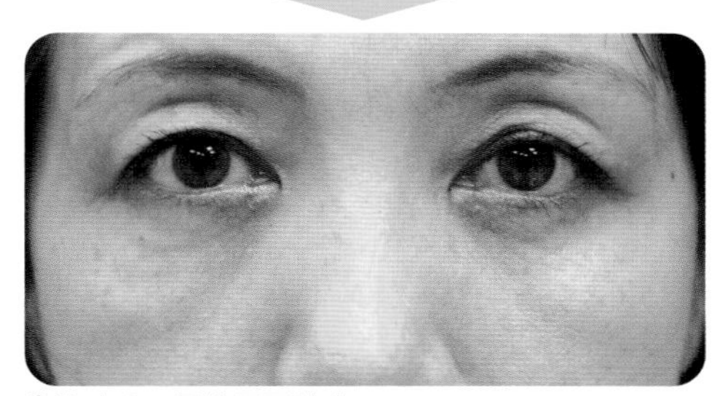

④治療 3ヵ月後正面拡大

治療後

皮膚切開せずに脂肪を軽減した場合、皮膚に弛みが生じてシワが発生するのではと心配される方もおりますが、軽度のへこみ・シワ等はほぼ解消され、3ヵ月後の写真を見ると残存していたシワも解消して顔にハリが見られます。

「アイデザイン」による
目の上のたるみ治療

上眼瞼（上まぶた）が眼球に被さる症状を広い意味で「目の上のたるみ」と呼びます。目の上のたるみの原因は下記のように、3つほどに分類され、原因に応じて治療法が異なります。

①加齢に伴う上まぶた皮膚のたるみ

たるんだ皮膚の除去が主体となります。

②上瞼の過剰脂肪（上眼窩脂肪）の下垂

東洋人は遺伝的に目の周囲の脂肪が多く、加齢に伴う脂肪支持組織の弛緩により、これらの脂肪が下垂し始めます。
下垂した上眼瞼脂肪は眼球の上に覆い被さり、目の上のたるみとして認識されるようになります。治療は上眼窩脂肪の軽減が主体となります。

③目を開ける筋肉（眼瞼挙筋）の弛緩

老化とともに、目を開ける筋肉（眼瞼挙筋）が弛緩し始め、まぶたが重たく感じるようになります。この状態を老人性眼瞼下垂症と呼びます。治療は弛緩した眼瞼挙筋を短縮し、上まぶたの開きを改善します。
（眼瞼下垂症の原因は、老化だけではなく、さまざまです。詳細は眼瞼下垂症の項目でふれます。）

施術の流れ

加齢とともに生じた目の上の皮膚のたるみ治療例です。点線部は余った皮膚の範囲を示しています。

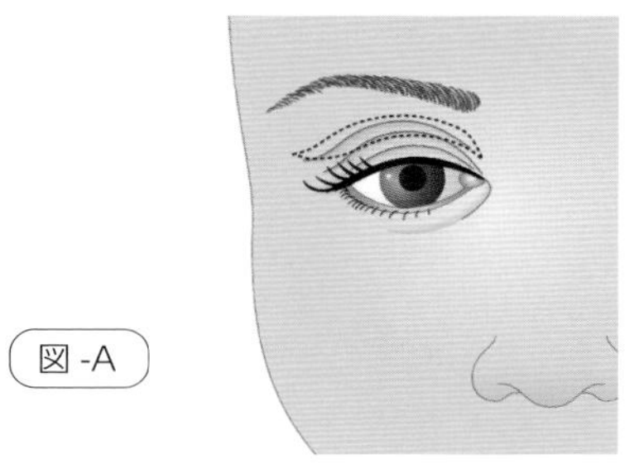
図-A

①点線範囲の余剰皮膚を切除します(図-A)。

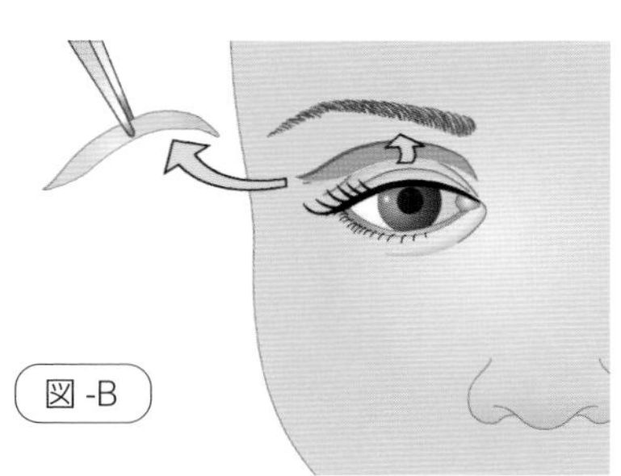
図-B

②切除するのは皮膚のみです(図-B)。切除した皮膚の下には眼輪筋がありますが、この筋肉はそのまま残します。

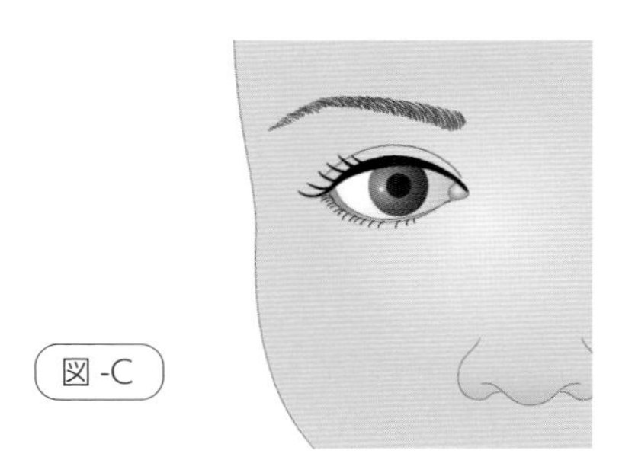
図-C

③図-Cでは治療前に比べると、上瞼のたるみが減少して、眼の印象が良くなりました。この治療を受けた患者さんたちは視界も広がり、物が見えやすくなったと言います。眉毛を上げて、眼を大きく開く必要がなくなるので、額のシワも減ります。

Case 15 目の上と下のたるみ

40代女性

トータルフェイスデザインで頬のたるみ治療も(case32へ)

〈〈〈本人の悩み〉〉〉

この患者さんは、上・下まぶたのたるみ治療の相談に来院され、まず気になる下まぶたの治療を先行、その結果が良好だったため次に上まぶたのたるみ治療を行いました。その後トータルフェイスデザインを希望され、頬のたるみをなくすバッカルファットの軽減治療を受けられました。その結果はcase32でご紹介。フェイスラインがスッキリした美しい小顔に生まれかわりました。

治療方針

この症例のように上・下眼瞼にたるみ症状を認める場合の治療方針は、まずは目元の土台となる下瞼治療（下眼瞼形成術）を優先的に行い、下眼瞼治療でその効果が得られた後に上眼瞼治療を行うと、より自然で良好な結果が得られます。そこで、二重瞼線から切開を加えた上眼瞼形成術を行うことにしました。

治療前

目の下のクマが気になるということでした。治療前の写真①②を見ると、確かに右よりも左の目の下のクマが目立ちます。これは、下眼窩脂肪が膨隆していることに加えて、目の下のたるみ症状が出現したことが原因です。また、下眼瞼皮膚には色素沈着が認められますが、これは元々お持ちのアレルギー性皮膚炎がその背景にあるようです。

治療後

この患者さんへは、まず気になっていた目の下のクマ・たるみの解消を先に行いました。治療前の写真と治療3ヵ月後の写真③④を比較するとわかるように、目の下のクマ症状は解消されています。その後、再来院され目の上のたるみ治療を行いました。目の上のたるみ治療1ヵ月後の写真⑦⑧を見ると、この治療により、目元の美しさがアップすると同時に目元に余裕がある優しい目もとに改善されています。

①治療前正面

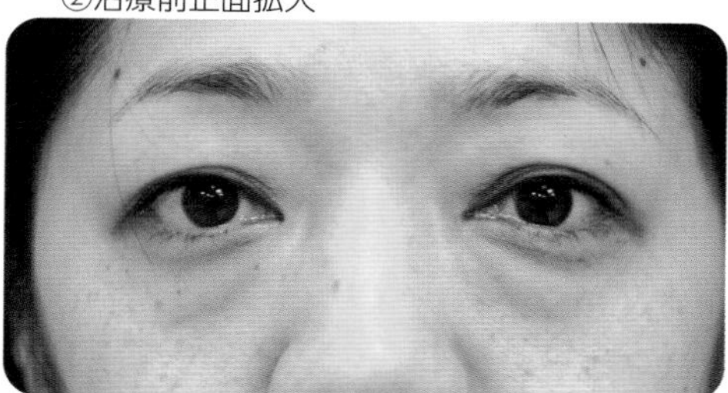

②治療前正面拡大

下まぶた
治療
前

③目の下のたるみ治療
3ヵ月後正面

④目の下のたるみ治療 3ヵ月後正面拡大

下まぶた
治療
後

目の下のたるみ治療後3年5ヵ月経過

上まぶた
治療
前

⑤上まぶた治療前(目の下のたるみ治療3年5ヵ月後) 正面

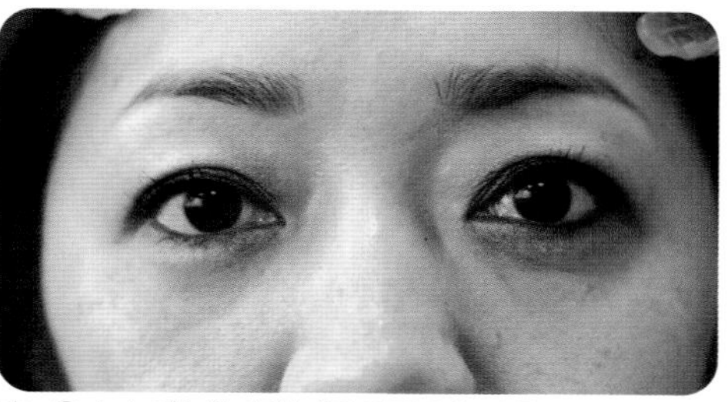

⑥上まぶた治療前(目の下のたるみ治療 3年5ヵ月後) 正面拡大

上まぶた
治療後
1ヵ月経過

⑦上まぶた治療 1 ヵ月後正面

⑧上まぶた治療 1 ヵ月後正面拡大

Case 16 目の上と下のたるみ

20代女性

〈〈〈本人の悩み〉〉〉

この患者さんは他院で二重埋没法、下まぶたへのPRP(血小板多血漿)療法の治療歴があります。ご本人は他院で行った治療後の上まぶたの戻りと下まぶたのクマ症状が気になり、改善の余地があるかどうかカウンセリングに来院されました。

治療方針

本症例には切開法による上眼瞼形成術を行うこととしました。本人の希望は二重幅を変えず、印象の良い目元に改善することでした。そこで、目の裏側から行う下眼瞼形成術にてPRP(血小板多血漿)除去を含めて、可能な限り目の下のクマ解消を図ることにしました

治療前

治療前の写真①②を見ると、上まぶたには余剰皮膚・眼窩脂肪があり、過去の埋没法の治療効果は消滅しています。他院で下まぶたに行われたPRP注入療法の効果はあまり認められません。下まぶたのクマ症状はPRPによる皮膚・皮下組織増殖性変化により、むしろ悪化した印象があります。

治療後

治療直後の写真③④では上まぶたの腫れが顕著で、予定の二重幅よりかなり大きく見えますが、この二重幅は通常治療1週間後にほぼ予定通りの幅に戻ります。治療後4ヵ月の写真⑤⑥を見ると上瞼二重幅は治療前にデザインした通りに戻りました。また、上下まぶたからの余剰脂肪軽減と下まぶたの構造的不具合の解消による開眼効果で、目の開きが良くなり、美しい目元が獲得されました。

他院で下まぶたに行われたPRP(血小板多血漿)注入療法による皮膚・皮下組織増殖性変化により、下まぶたのクマ症状はむしろ悪化していた印象があります。本治療でもこの増殖部位を平坦化する手技に苦労しました。
PRP(血小板多血漿)をはじめ下まぶたに何らかの充填物の注入は極力回避し、たとえ注入する必要がある場合でも、最初は自然吸収され、万一の場合は溶解可能なヒアルロン酸を用いるといった慎重な配慮が必要です。

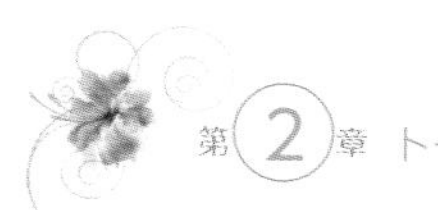

治療
前

①治療前正面

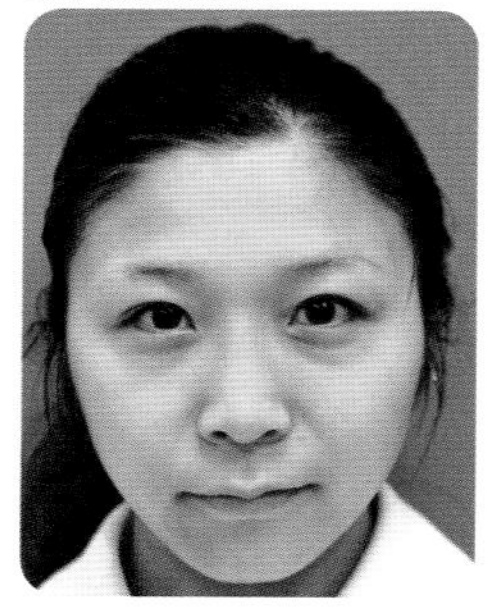

②治療前正面拡大

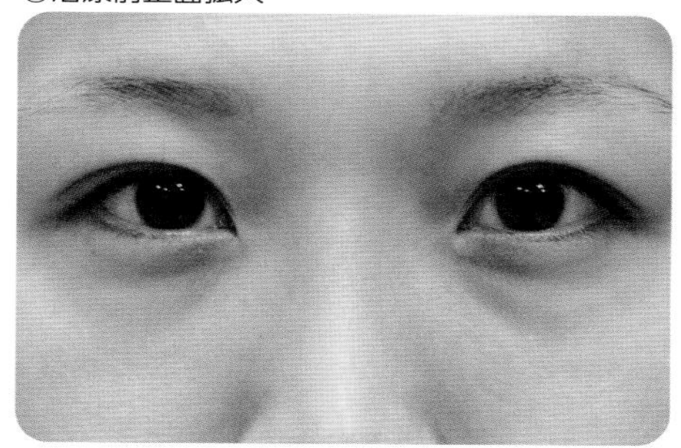

治療
直後

③治療直後正面

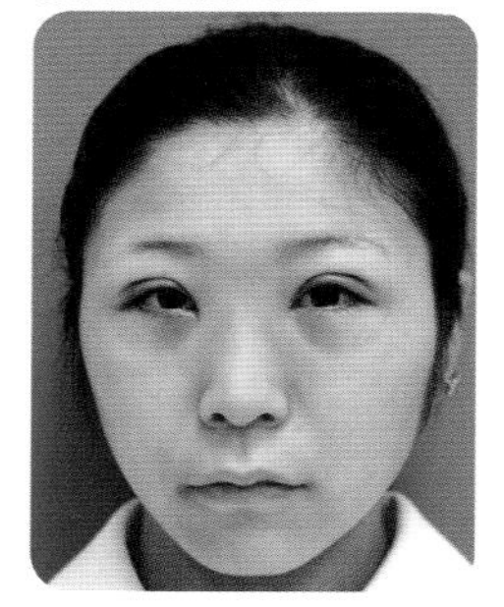

④治療直後正面拡大

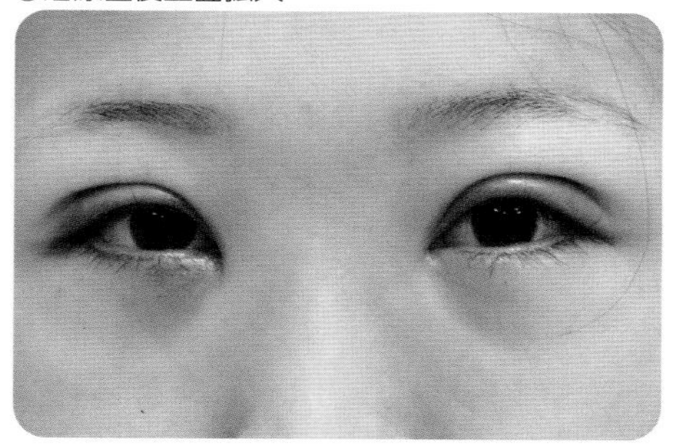

治療後
4ヵ月経過

⑤治療後 4ヵ月後正面

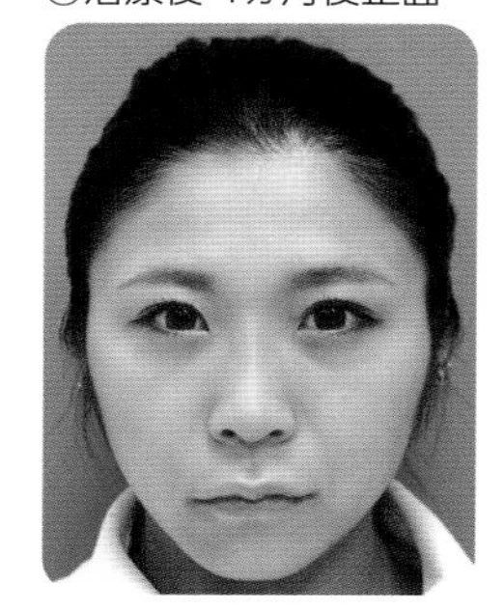

⑥治療 4ヵ月後正面拡大

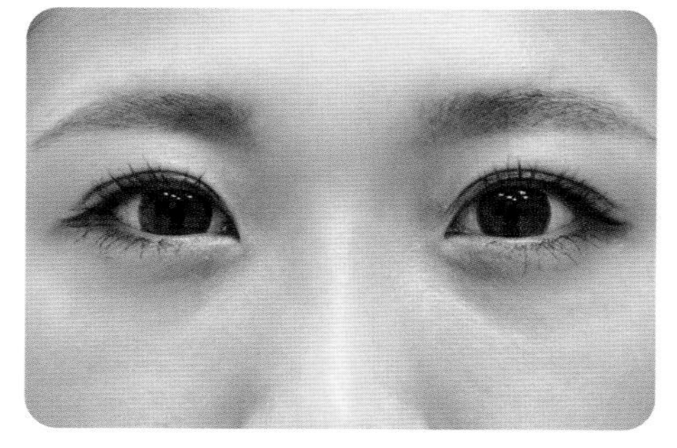

「アイデザイン」による
眼瞼下垂治療

眼瞼下垂症は上まぶたが上がりにくくなり、瞳に被さるような症状をいいます。原因は生まれつき(先天性)のもの、加齢現象に伴う上まぶたのたるみ(後天性)や、ハードコンタクトレンズを長期装用したことによるもの(医原性)などがあります。

症状は図-1 のように、上まぶたが瞳孔に少しかかったもの(軽度)、瞳孔の真ん中まで被さったもの(中等度)、そして瞳の上半分を完全に覆うもの(強度)に分類されます。

眼瞼下垂症が起こると視野が狭くなります。眼瞼下垂の方は、視野を広げるのに額の筋肉を使って目を大きく開けようとするため、額にしわができたり、肩こりが現れたりします。

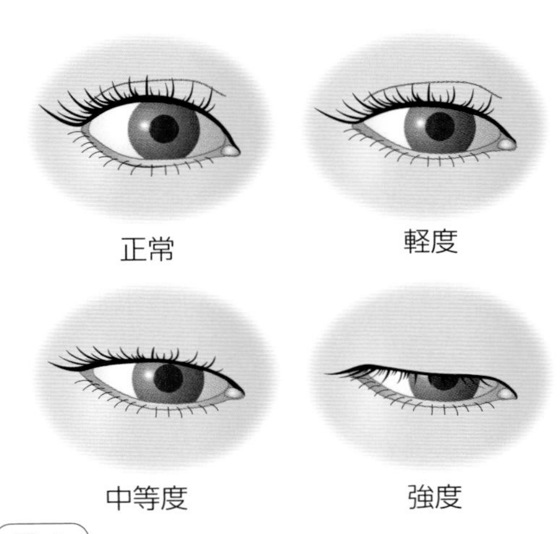

図 -1

銀座 CUVO で治療対象とする眼瞼下垂症は、後天性眼瞼下垂症の中で、皮膚のたるみを含んだ老人性とハード・コンタクトレンズの長期装用による外傷性によるものです。

眼瞼下垂症の治療

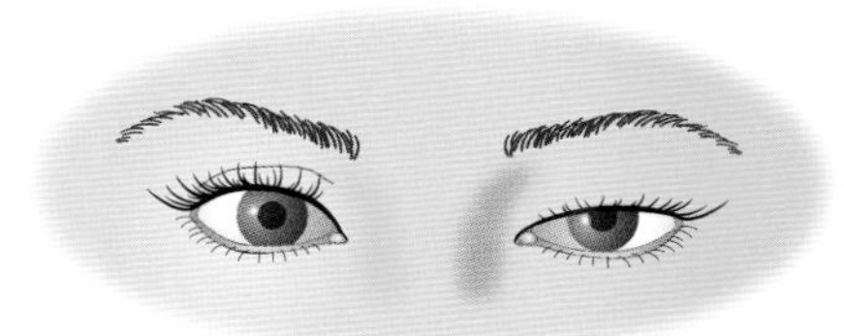

後天性眼瞼下垂症の中で治療対象となることが多いのは、長期間のハード・コンタクトレンズ装用によるものです。上まぶたの縁(瞼板)と上まぶたを持ち上げる眼瞼挙筋との結合部が、瞬きをするたびに固いコンタクトレンズの摩耗で次第に緩み、眼瞼下垂症を引き起こします。

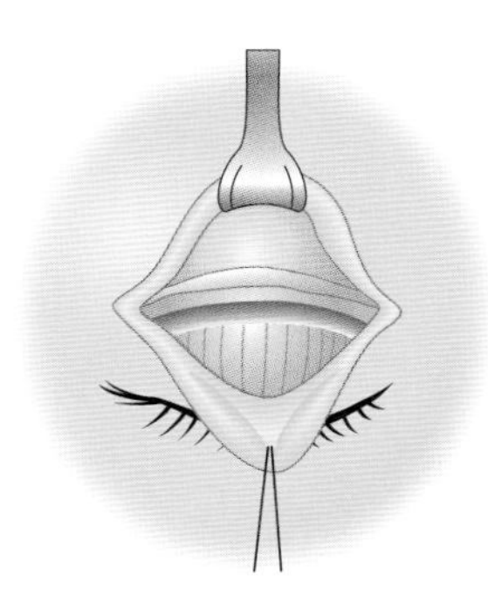

①手術法はイラストのように、上まぶたの二重ライン上で水平切開し、瞼板と眼瞼挙筋結合部位を露出します。

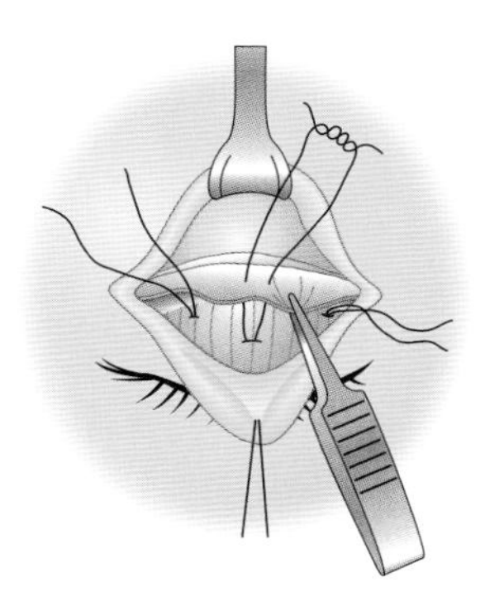

②次に露出した部位で、弛緩した眼瞼挙筋腱膜を前転させ、イラストのように瞼板の内側、中央、外側の３箇所に縫合します。
眼瞼挙筋の前転短縮縫合を行う際は、眼瞼下垂の改善を確認しながら、正確に行います。この操作後、皮膚を縫合し手術を終了します。

Case 17 眼瞼下垂

50代男性

〈〈〈本人の悩み〉〉〉

数年前から両上眼瞼の開きが悪くなり、上まぶたが重たくなったことを自覚し始めました。肩こり、頭痛なども出現し、疲労時や目を酷使した後の夜間などに症状は悪化。これらの症状の改善を求めて当クリニックを来院しました。

治療方針

両上まぶたの皮膚には軽度のたるみと、上まぶたを挙げる眼瞼挙筋機能の低下が認められますので、この患者さんの眼瞼下垂治療は、余剰皮膚の切除と眼瞼挙筋短縮術を行いました。

治療前

治療前の正面写真を見ると上まぶたが両目の瞳の中央近くまで覆うという中等度の眼瞼下垂が認められます。ご本人も数年前から上まぶたが重たくなったことを自覚していたようですが、このままにしておくとさらに悪化してしまう状況でした。

①治療前正面拡大

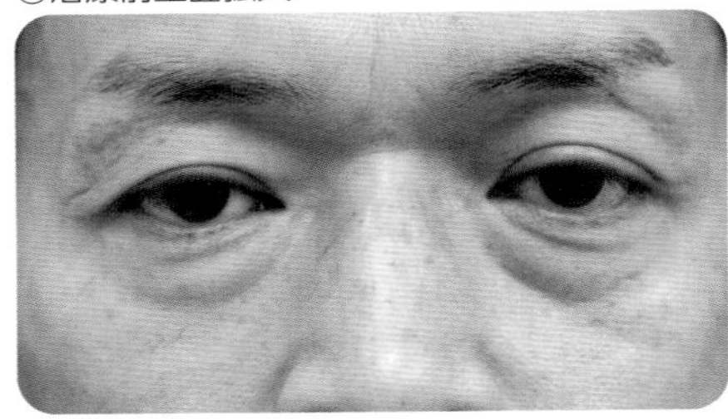

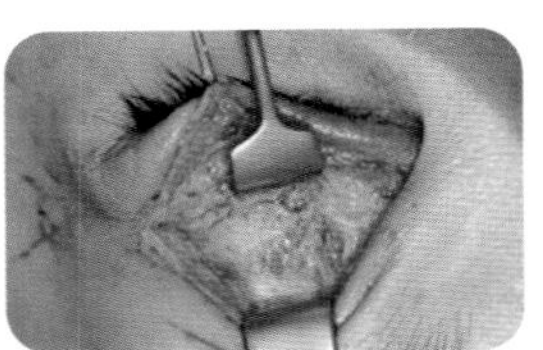

②術中患部／弛緩した眼瞼挙筋の存在が認められる

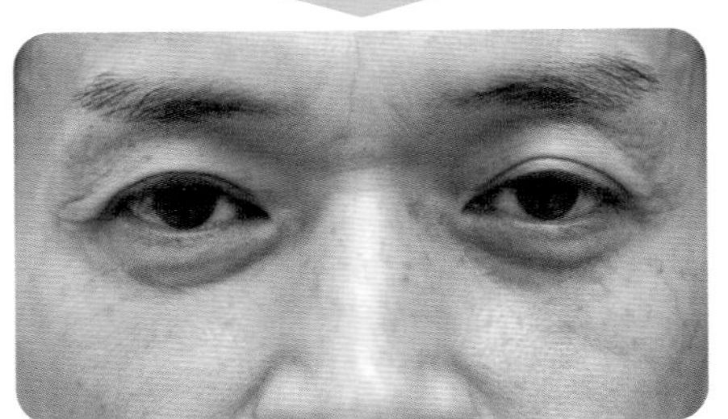

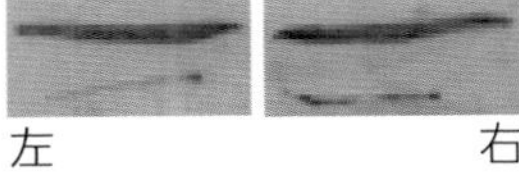

左　右

③切除した両眼の余剰皮膚

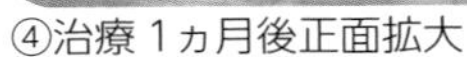

④治療１ヵ月後正面拡大

治療後

治療１ヵ月後の写真④を見るとわかる通り、眼瞼下垂が改善されました。本人は目の開きの改善を実感しているようです。今まで辛かった眼精疲労や、頭痛、肩こりなども軽減してきたとのことです。今後も日を追うごとに症状は改善していくでしょう。

Case 18 眼瞼下垂（目の下のクマ治療による）

50代女性

〈〈〈本人の悩み〉〉〉

30年以上、ハードコンタクトレンズの装用経験があります。20年前から目の開きが悪くなり、瞳に被さるような状態で、「いつも眠たそう」と思われていると悩んでおられました。同じ頃から、目の下のクマも目立つようになりました。

治療方針

眼瞼下垂症状の要因として、下まぶたの不具合が少なからず関与しています。この患者さんの場合、目の下の構造を整えることで、眼瞼下垂が改善されることが予想されたため、クマを改善する治療を行うことにしました。

治療前

眼瞼下垂の症状とともに、目の下のクマも目立つようになりました。目のまわりは眼球を包む結合組織を通してつながっていて、下まぶたの不具合が上まぶたにも影響を及ぼしたようです。

①治療前正面

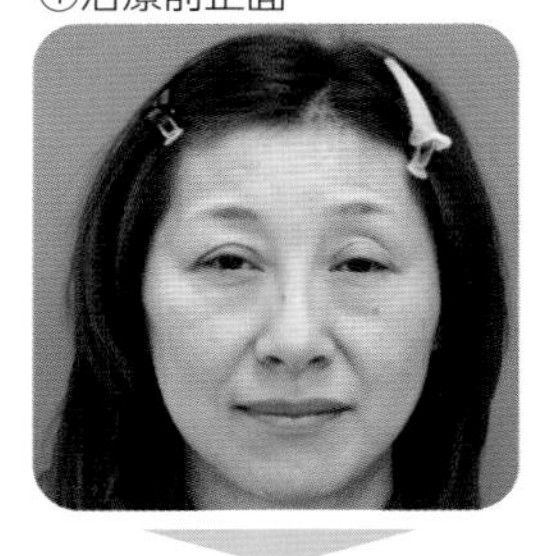

②治療前正面拡大

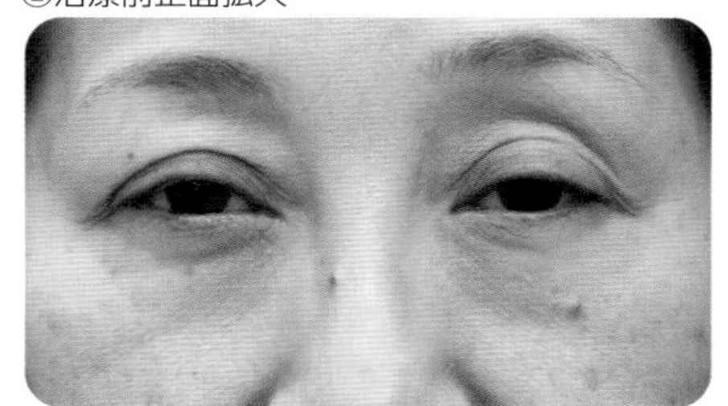

③治療 1ヵ月後正面

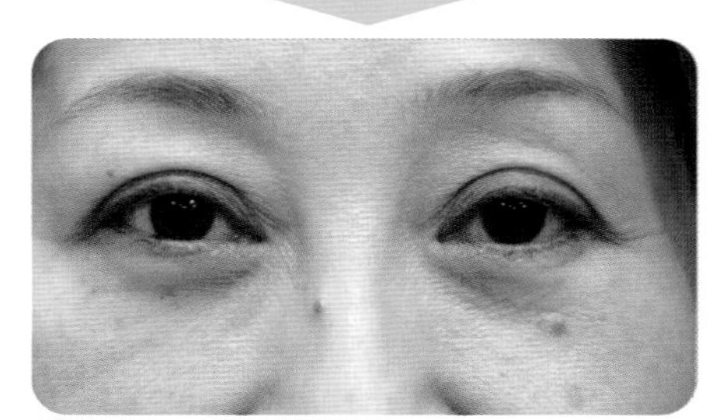

④治療 1ヵ月後正面拡大

治療後

上まぶたへの処置はまったく行っていませんが、目の下の構造を整えたことで、治療後1ヵ月で眼瞼下垂症状はかなり改善しました。半年、1年と時間が経過する中で、さらにスッキリとした目元に定着していきます。

「アイデザイン」による
二重まぶたのプチ整形

一重の目はマイナスのイメージを与えることが少なくありません。つぶらで大きな瞳は女性の憧れです。二重まぶたのプチ整形では糸をまぶたの中に埋める埋没法と呼ばれる施術で、簡単に二重を作ることが可能となりました。

プチ整形埋没法は、上まぶたの一番バランスのよい場所1ヵ所に埋没法による固定を行います。この方法により、ほとんど腫れることもなくバランスの良い美しい二重まぶたを作ることができます。

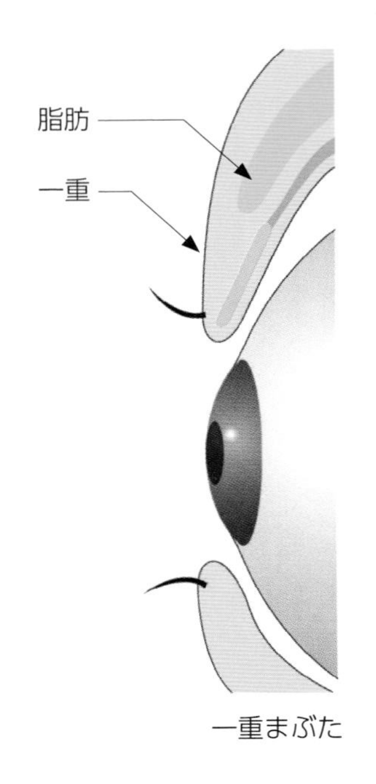

一重まぶた

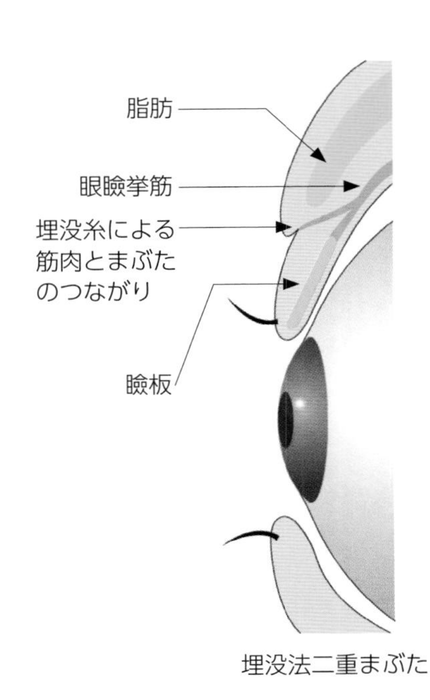

埋没法二重まぶた

Case 19 二重まぶた

20代女性

〈〈〈本人の悩み〉〉〉

二重まぶたの左右のバランスが悪いと気になっていたようです。

治療方針

左上眼瞼を右同様の二重まぶたに形成するため、左上眼瞼埋没法(一針)治療を行いました。

治療前

治療前写真①を見ると、右上眼瞼はしっかりとして二重ですが、左上眼瞼は数本の曖昧な線条が出現しています。

①治療前正面拡大

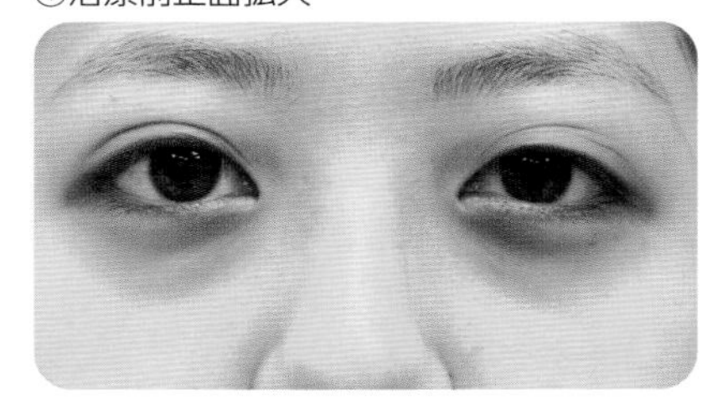

②治療直後正面拡大

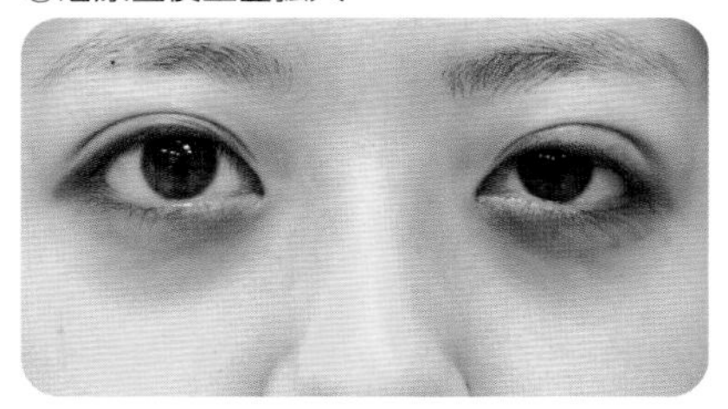

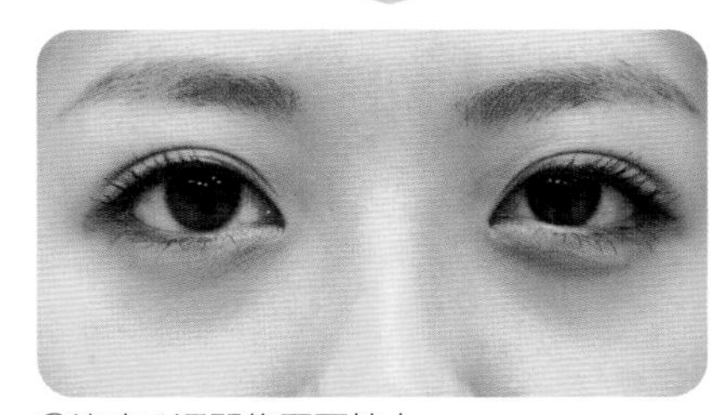

③治療 1週間後正面拡大

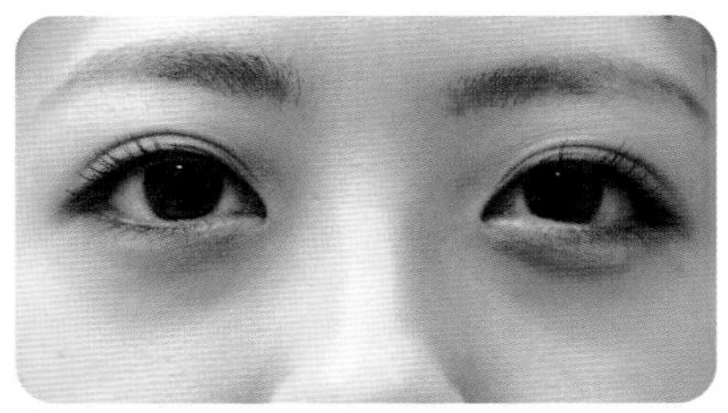

④治療 1ヵ月後正面拡大

治療後

治療後1週間③で腫れはほぼ解消されています。治療後1ヵ月④を見ると、左上眼瞼に右同様の二重が形成されました。埋没法は皮膚切開を用いないシンプルな治療法で、ダウンタイム(回復までの時間)が短く、本症例のように自然な治療結果が得られる優れた方法です。

Case 20 二重まぶた

20代女性

〈〈〈本人の悩み〉〉〉

二重の幅が狭いことをずっと気にされていたようです。二重の幅をもっと広げたいということで相談に来院されました。

治療方針

治療前写真①②の二重幅をそれぞれ 2㎜広げるために埋没法を行うことにしました。

治療前

この患者さんは、今までに治療経験がなく手術に対して不安をお持ちでしたが、事前のカウンセリングで、施術の方法や術後の症状経過などの細かな説明を行うことで不安が解消されたようでした。

①治療前正面

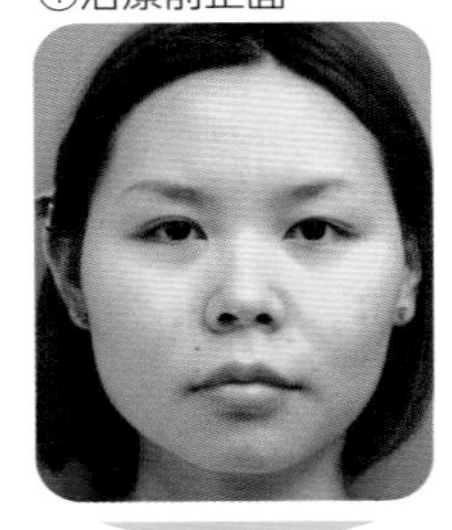

②治療前正面拡大

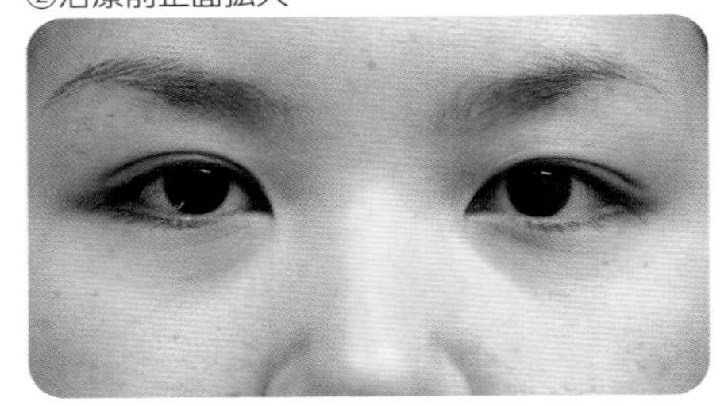

③治療 1週間後正面

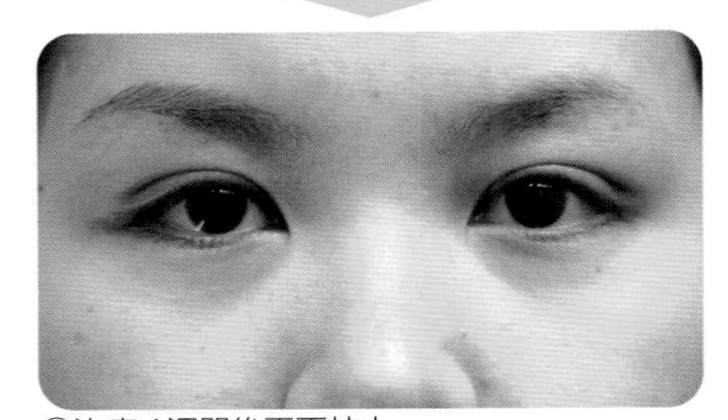

④治療 1週間後正面拡大

治療後

1 週間後の写真③④を見ると、埋没法を行った二重の幅が広がりました。上まぶたはややむくんでいますが、このむくみは今後 1 ～ 2 週間で落ち着くでしょう。

Case 21 二重まぶたと目の下のクマ

20代女性

〈〈〈本人の悩み〉〉〉

二重のバランスを整える埋没法の治療を希望して訪れました。その際に、目の下のクマにも悩んでいるというお話でした。

治療方針

左右の二重のバランスを整える埋没法の治療と目の下の脂肪軽減治療を行うことで埋没法による二重の経過が良いことから同時に行うこととした。

治療前

治療前写真①を見ると、二重のバランスと目の下のクマで表情に陰りが出ていますが、二重の埋没法でバランスを整えると同時に目の下の脂肪除去治療でクマを消し、明るい印象の表情を作ります。

①治療前正面

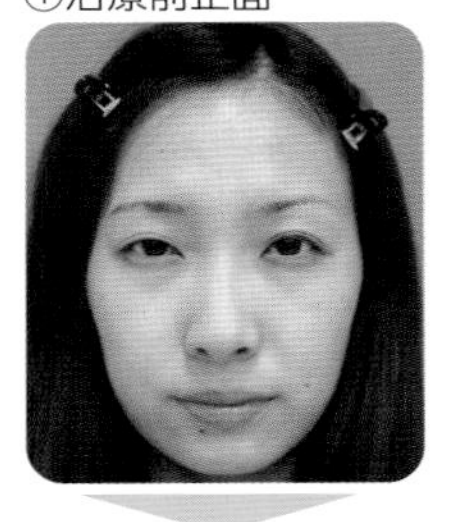

②治療前正面拡大

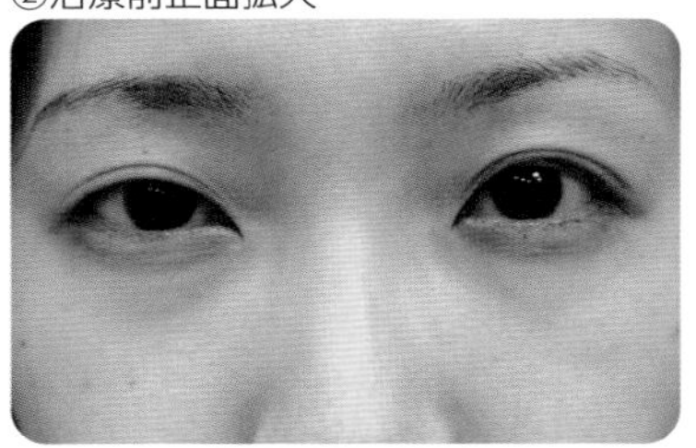

③治療 1年後正面

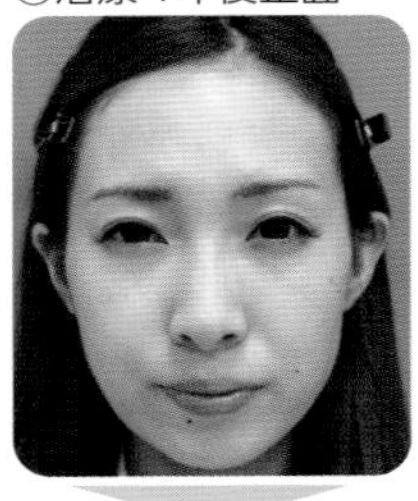

④治療 1年後正面拡大

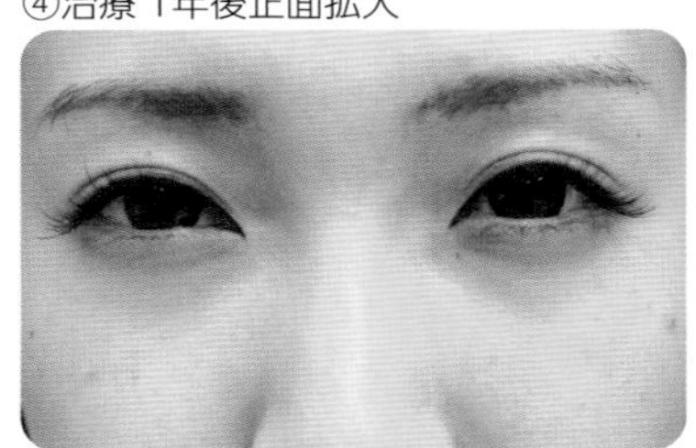

⑤治療 2 年後正面

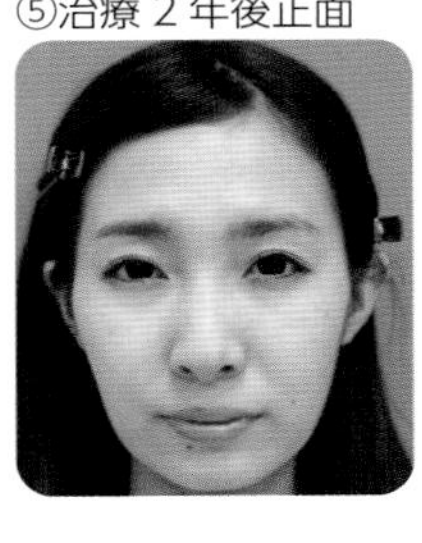

⑥治療 2 年後正面拡大

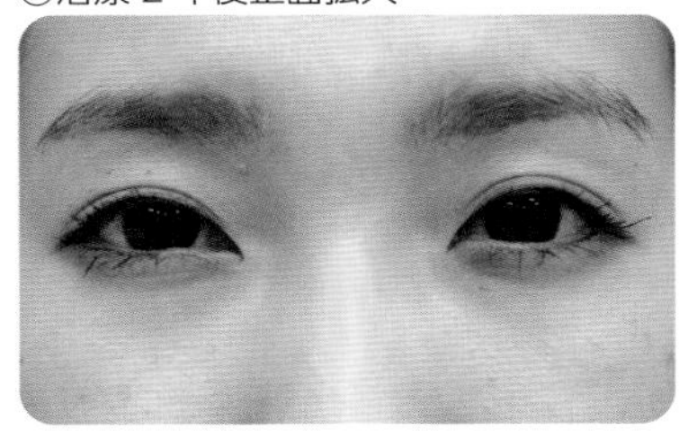

治療後

プチ整形と呼ばれる埋没法による二重の治療は、切開を伴う治療と違いその効果は永久的ではありませんが、同時に目の下のクマ治療を行うと 1 年後の写真③④も、2 年後の写真⑤⑥でも経過は安定しており目元の表情も明るくなっています。

「アイデザイン」による

目頭切開

美しい顔にはその美しさの基本になるプローポーション（黄金律）が存在します。例えば目元では、図 -A のように左右の目幅と目と目の内側（目頭）距離がちょうど3等分だと美しいバランスとされます。

しかし目幅や目頭間距離は人によってさまざまです。我々日本人の目頭間距離を計測するとその平均は 34 ～ 35㎜程度とされています（図 -B）。

目頭距離が 37㎜以上になると、目と目がやや離れた印象となります。たとえば目頭間距離が 37㎜の場合、両側の目頭を 1.5㎜ずつ切開すると 34 ～ 35㎜程度となり適切なプロポーションに近づきます。

図 -A

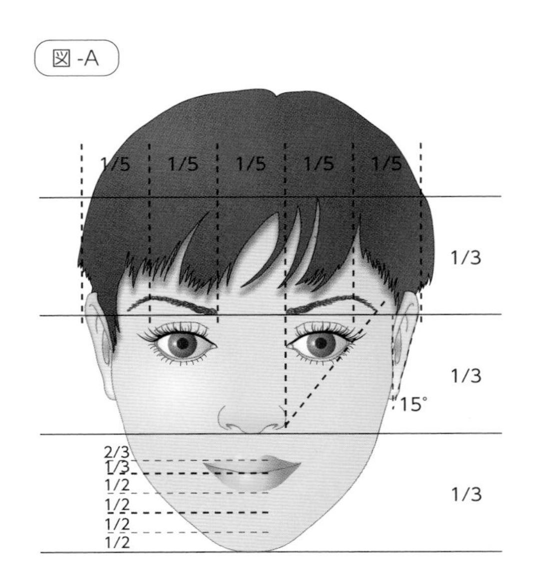

図 -B

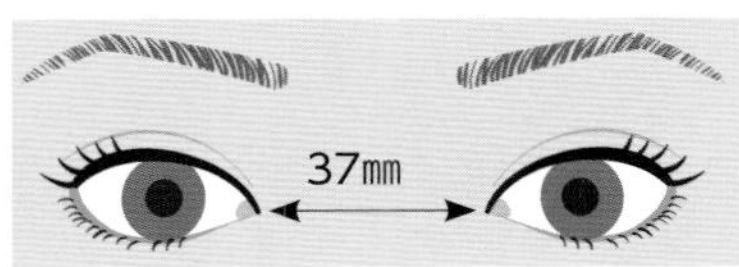

目頭間の距離：
37㎜以上だと離れている

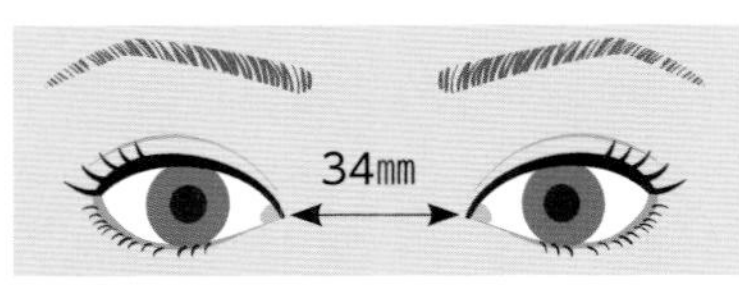

目頭間の距離：
34㎜以下だと近すぎ

施術の流れ

当クリニックでは、傷跡を残さない、CUVO オリジナル目頭切開法を用いています。この方法を用いると目の内側に傷跡が隠れるため、傷跡はほぼわからなくなります。

白いドット：目頭をひっぱる前の切開後の位置

典型的な東洋人の目

黒いドット：目頭切開後の位置

①目頭の内側に行う切開は、通常時は白のドット線に示されるように蒙古ひだ(図 -C)の中に隠れます(図 -D)。
②目頭の内側を矢印方向に引っぱると、黒いドット線で示されるように上まぶたのライン上におさまります(図 -E)。これが、CUVO オリジナル目頭切開法による蒙古ひだからなる目頭の粘膜切開部です。

当クリニックで行う目頭切開法の優れた点は、従来の方法に比べ、傷口がほとんど目立たないことです。美容目的の治療の場合、傷跡はできるだけ残らないほうが好ましいでしょう。

Case 22 20代女性 目頭切開

〈〈〈本人の悩み〉〉〉

目頭間が広いことをずっと気にされて、目頭切開を希望して当クリニックに来院されました。

治療方針

目頭間距離：約 39㎜
目の横幅：約 34㎜
目頭を約 2㎜ずつ切開し、両目の横幅と目頭間距離がそれぞれ約 36㎜になるように治療しました。

治療前

両目横幅と目頭間距離は、均等であるとバランスが良く、美しいとされます。この患者さんの場合、目頭間距離が 39㎜で、目の横幅よりもやや長くなっています。

①目頭切開施術前

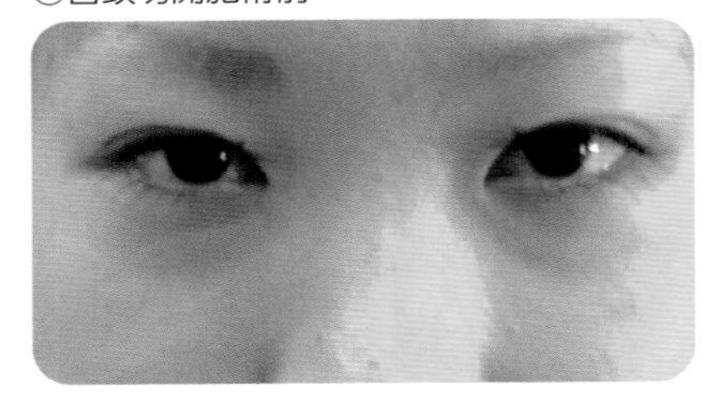

②目頭切開 1 週間後

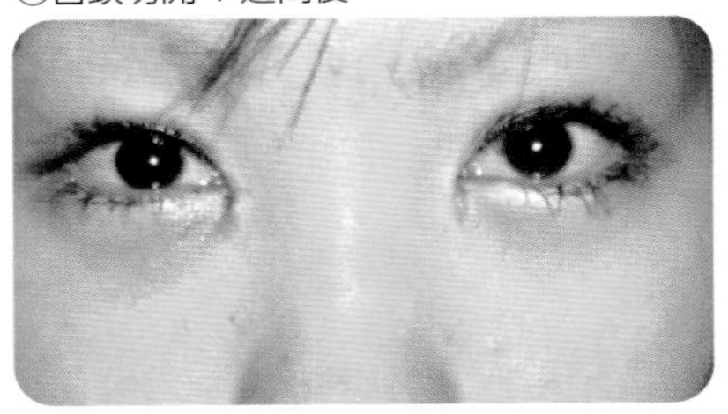

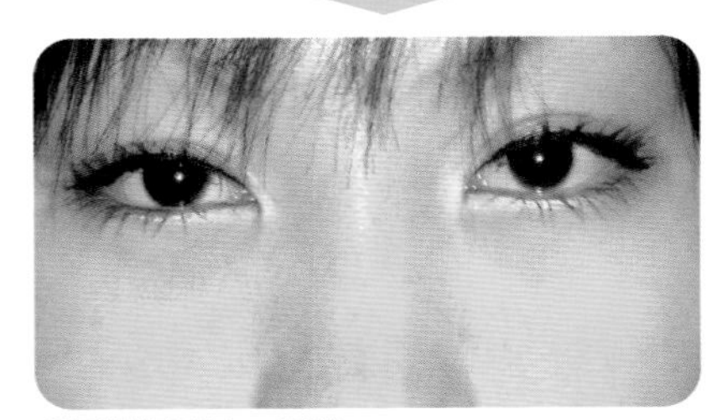

③目頭切開 1ヵ月後

治療後

治療 1 週間後の写真②を見ると、目頭切開治療によって目頭間距離が約 36㎜にまで短縮し、その分、目の横幅がそれぞれ約 2㎜ずつ延長しました。この結果、治療1ヵ月後には、目のバランスが良くなり、目が大きく見えるようになりました。

Case 23 目頭切開

20代女性

《《《本人の悩み》》》

以前に当クリニックで二重埋没法を行った患者さんですが、目元の印象をさらに改善することを希望して再来院。診察の結果、目頭切開でさらなる開眼効果や目元のバンランスが良くなることを伝え、目頭切開を行うこととしました。

治療方針

目頭間距離 :38㎜
目の横幅 :35㎜
目頭を約 1.5㎜ずつ切開して両目横幅と目頭間距離が同じ約 35㎜になるよう治療しました。

治療前

当クリニックで二重埋没法治療を行っていたため二重の印象は美しくまとまっていますが、その分目頭間はやや広く感じられます。目頭切開で目元の印象がより美しく変わると考えられます。

①治療前

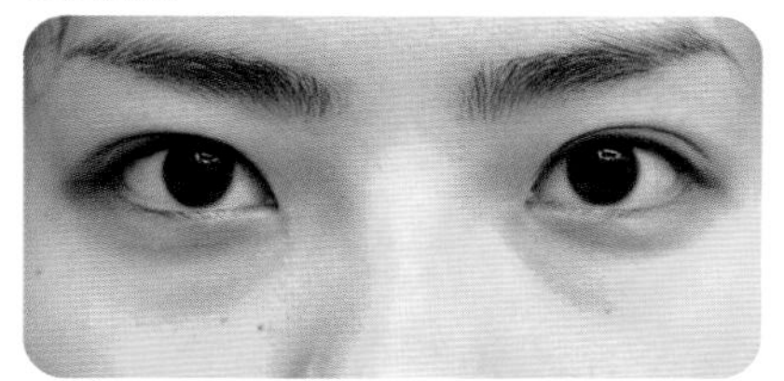

②治療直後

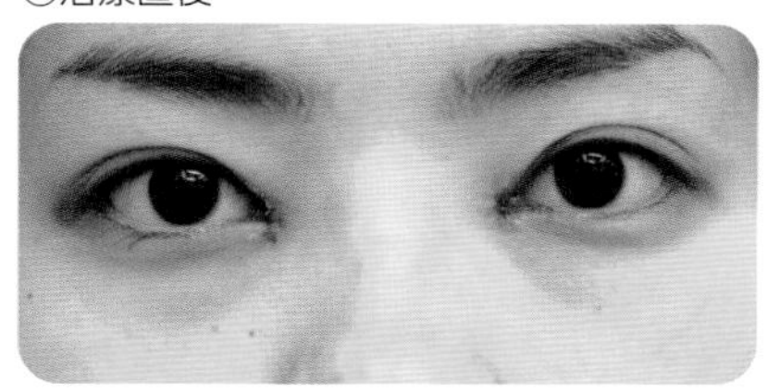

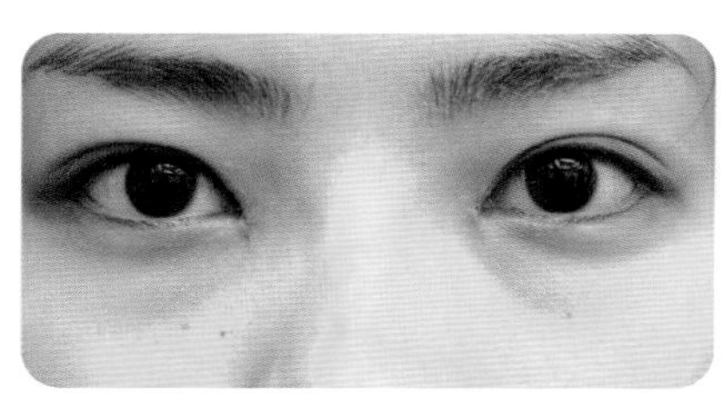

③治療 5日後

治療後

治療直後では、切開部位の赤さや目頭内側方向に引っ張られた不自然さが残りますが、治療 5 日後には改善し、治療前と比較すると、明らかに目頭間距離が短縮し目元全体のバランスが良くなったことがわかります。

Case 24 目頭切開・目の下のたるみ

20代女性

〈〈〈本人の悩み〉〉〉

この患者さんは長年“目を大きくしたい”と思っていました。今回は“美容外科的に少しでも目を大きくすることができるか”についてカウンセリングに来られました。

治療方針

目の横幅距離：約 33㎜
目と目の間距離：約 38㎜
この患者さんの場合、目が小さく見える原因が2つあります。一つめは目の横幅より目と目の間の距離が約 5㎜ほど長いためです。二つめは目の下に過剰脂肪が存在し、目の開きを悪くする要因となっていることです。この 2 つの要因を改善するため、目頭切開(両目ともに内側に約 2㎜ずつ切開)と目の下のクマ・たるみ治療を行いました。

治療前

写真①からわかるように、目が小さい印象を感じさせます。さらに目の下のクマ・たるみがが目立ちます。

治療後

目の下のクマ・たるみ治療は目の下の色素沈着改善、および目の開きを改善し、目を上下に大きくする目的で行いました。治療 1 週間後の写真③④を見ると、治療前と比べると顔に対する目のバランスが良くなりました。これによって、治療前の“目が小さい”という印象は大幅に改善されました。

目頭切開治療における赤みは、治療後 2 ～ 3 ヵ月で少しずつ消えていきます。
目の下にある眼輪筋(いわゆる涙袋)が腫れているため、一見目の下のクマが改善していないように見えます。しかし、色素沈着を濃く見せている原因である、過剰脂肪を軽減したので、眼輪筋のむくみがとれる治療1ヵ月後には目の下のクマも大幅に改善するでしょう。

目頭切開と目の下のクマ・たるみ治療デザイン

治療
前

①治療前正面

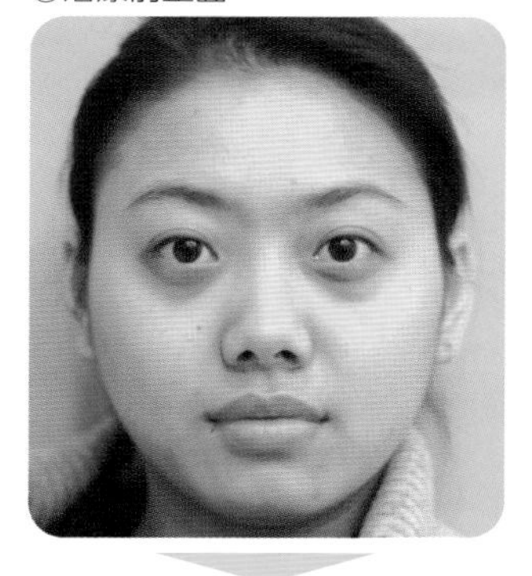

②治療前正面拡大

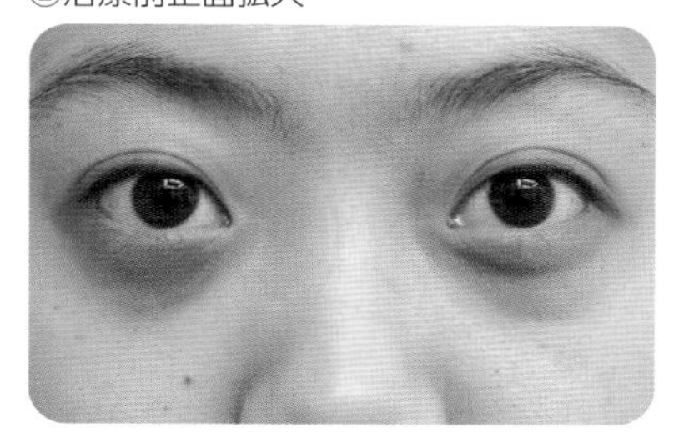

治療
後

③治療 1 週間後正面

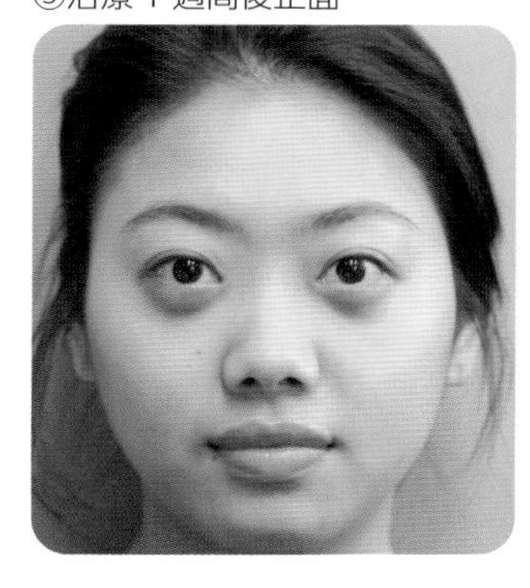

④治療 1 週間後正面拡大

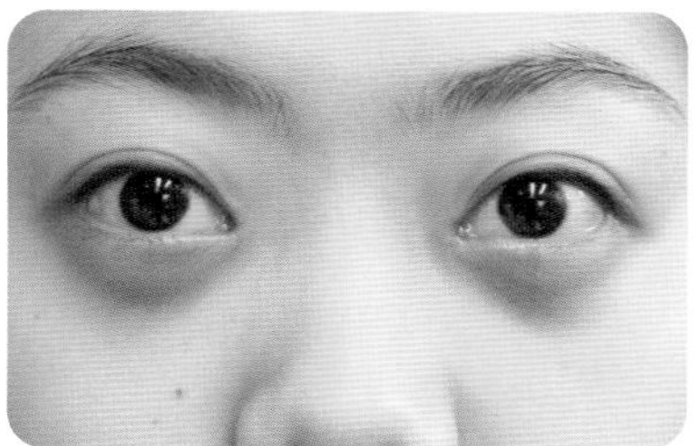

銀座CUVOオリジナル「頬たるみ治療（バッカルファット軽減）」

頬のたるみは「バッカルファット」と呼ばれる脂肪の塊の下垂が主な原因です。これまで頬のたるみは、メスを使ったフェイスリフトや、糸で頬を引っ張り上げるケーブルリフトが一般的でした。しかし、たるみの原因であるバッカルファットが存在する限り、どんなに皮膚を引っ張り上げても、頬はまたこのバッカルファットの重みで次第に下がっていきます。ですから、頬をたるませる重しとなるバッカルファットを軽減することが頬のたるみ治療の第一選択肢となります。

バッカルファットとは、頬の深い部分にある脂肪の塊で、皮下脂肪のような寒さから身を守るといった機能はなく、不必要な脂肪といえます。従って、軽減しても生活に支障はありません。

銀座 CUVO オリジナル
バッカルファット軽減

加齢に伴い、顔面を構成している支持組織にゆるみが生じます。その結果、若年時は上方に位置していた バッカルファット(図 - A)が次第に下方に落ちてゆき、頬のたるみが目立ち下ぶくれ傾向となります(図 - B)。

バッカルファットを適切に軽減すると頬のたるみの原因が解消され、皮膚のたるみは残らずに収縮します(図 - C)。その理由は、皮膚組織はバネ状の弾性繊維から構成されていますから、頬のたるみは“おもりのついたバネ”として表現されます。そのおもりが軽くなることで皮膚の収縮作用(バネ)で引き上げられるリフト・アップ効果が生まれ頬のたるみは軽減改善します(図 - D)。しかも、その効果は恒久的に持続します。

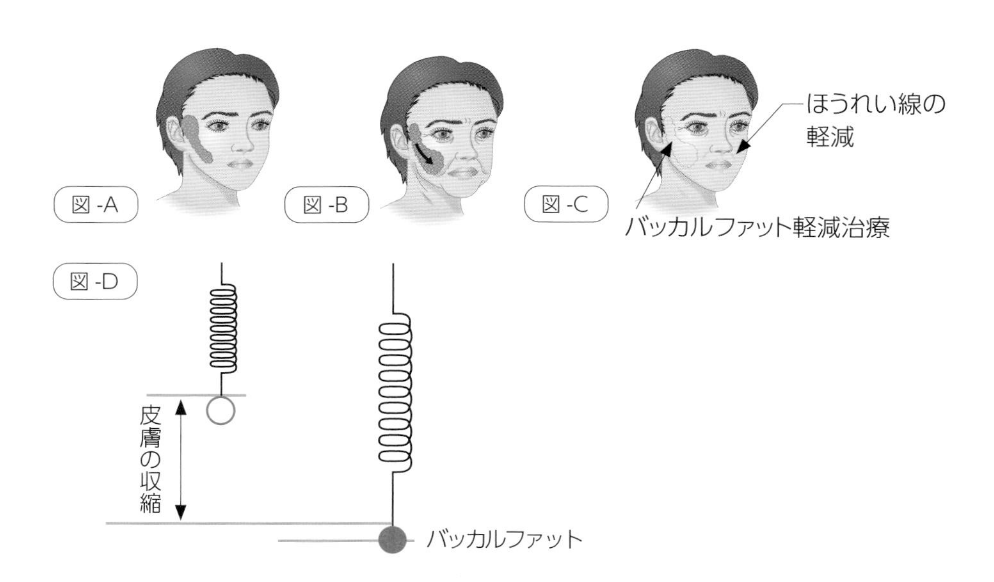

安全で一生に一度の治療

CUVOオリジナルの頬のたるみ治療では、皮膚を切開せずに行う、低侵襲レーザーを用いて口の中から皮膚の裏側に侵入して治療することで、傷跡は残りません。傷が残らず、腫れも少なく、回復も早く、治療効果も良好です。

施術の流れ

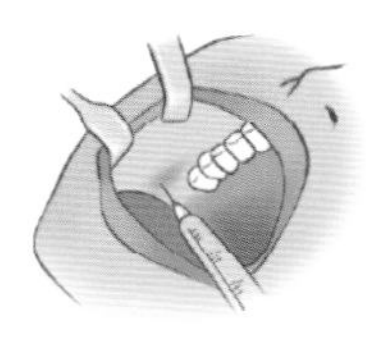

①緊張を緩和するために弱い鎮静剤を投与します。その後、頬の内側に局所麻酔を注射します。

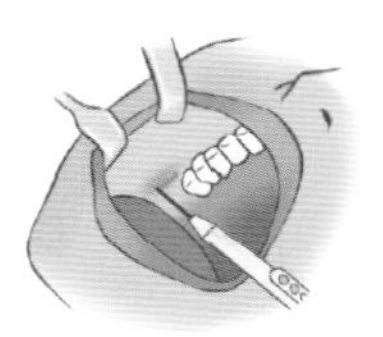

②高周波レーザーメスで口腔粘膜面に約 1 ～ 1.5 cm の進入口を開きます。痛みは感じません。頬筋を剥離しつつバッカルファットに到達します。

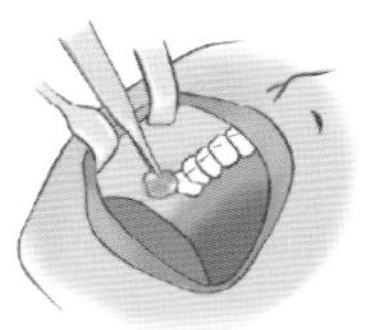

③バッカルファットは一つの皮膜に包まれて存在しているので、その一端を把持し､引き出します。残っているバッカルファットも取り出します。

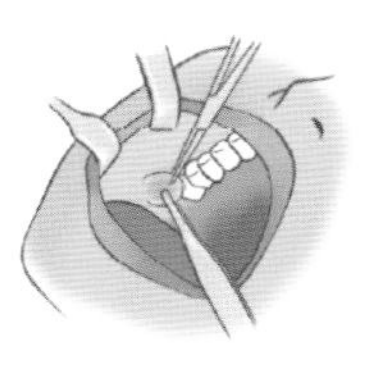

④これをレーザーで止血、焼灼しながら切除していきます。

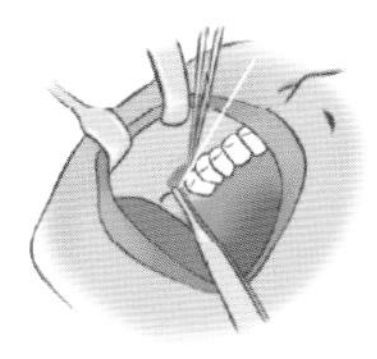

⑤余剰バッカルファットの残存有無を確認し、摘出後の止血を行い、進入口を縫合します。

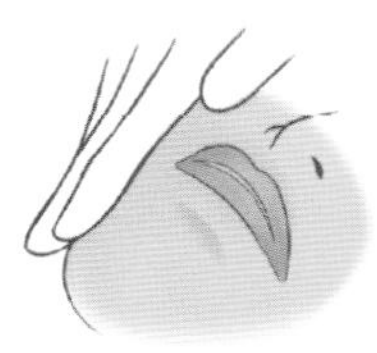

⑥軽くマッサージを施しながら頬の形を整えて治療を終了します。

Case 25 頬たるみ（バッカルファット軽減）

40代女性

《《本人の悩み》》

顔のアンチエイジング治療として、 頬たるみに関するカウンセリングを受けに来院されました。 年々口角の下がりやほうれい線が目立ち始めたようで、 症状が悪化する前に治療を希望されました。

治療方針

ご本人のご希望で、口角の下がりやほうれい線などがこれ以上悪化しない治療があれば受けたいとのこと。そこで本症例は口腔内から進入し、口角下垂やほうれい線悪化の直接原因である頬脂肪（バッカルファット）軽減治療を行うことにしました。

治療前

頬たるみ症例としては若く、治療前写真①でわかるように頬たるみも口角の下がりもさほど気になりません。若干ほうれい線が出現しています。

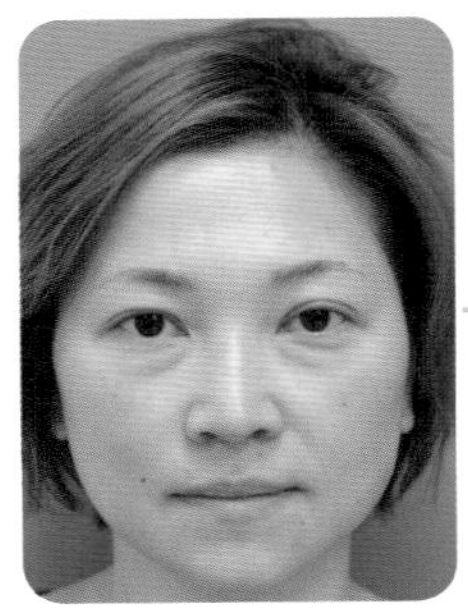
①治療前正面

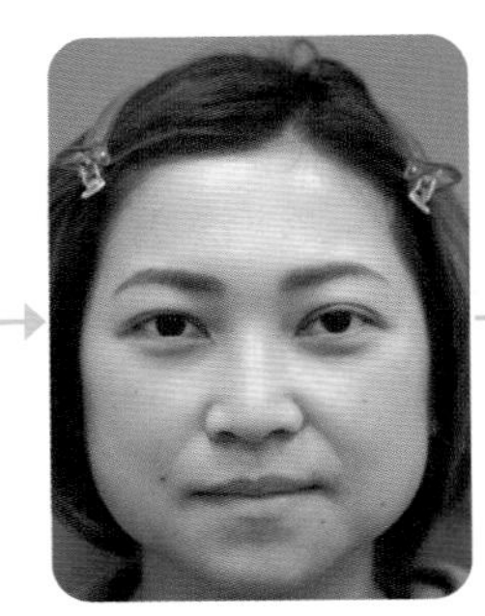
②治療１日後正面

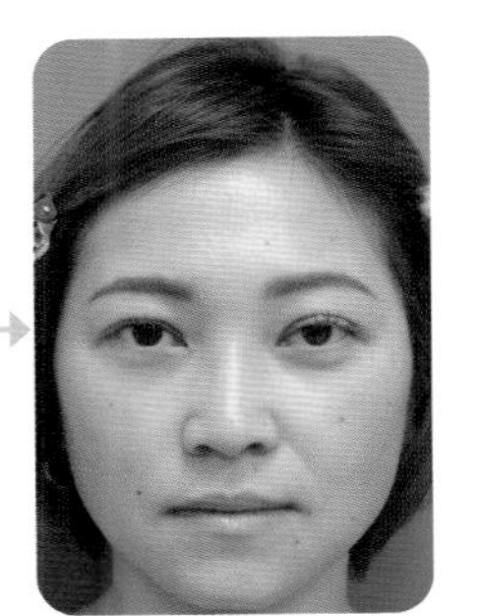
③治療1ヵ月半後正面

治療後

治療1日後の写真②を見ると、両頬が腫脹・拡張しています。この腫れは、1週間後の抜糸のときには引いていました。治療 1ヵ月半後の写真③を観察すると、治療前に認められた口角下垂が改善し、頬の両外側への張り出しが効果的に解消され、治療前と比較してより洗練された小顔が得られました。ほうれい線は残存していますが、次第に解消方向に向かうでしょう。

Case 26 頬たるみ（バッカルファット軽減）

40代女性

《《《本人の悩み》》》

この患者さんは、若い頃に比べて頬のたるみが目立ち始めたということで、フェイスラインの改善についてカウンセリングに来院されました。症状は軽度ですが、ご本人はとても気になるようでした。

治療方針

治療前の写真①を見ると、ほうれい線はほとんど目立ちませんが、口角下部の頬に軽度のたるみが認められます。ご本人は皮膚切開を用いた治療は望まないということから、口腔内アプローチによるバッカルファット軽減治療を行うこととしました。

治療前

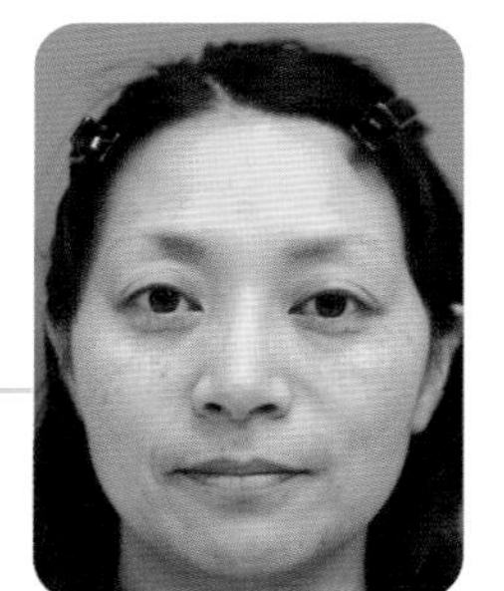

①治療前正面

本症例は軽度ではありますが、脂肪の塊（バッカルファット）が口角下部に下垂していることがわかります。下垂した過剰なバッカルファットを適切に軽減することで、良好な結果が得られます。

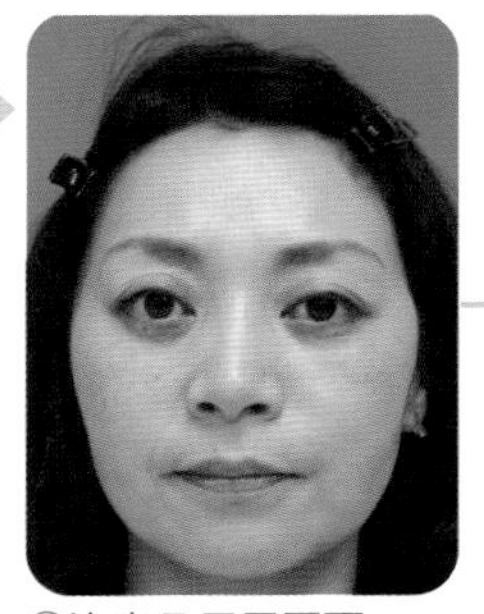

②治療７日目正面

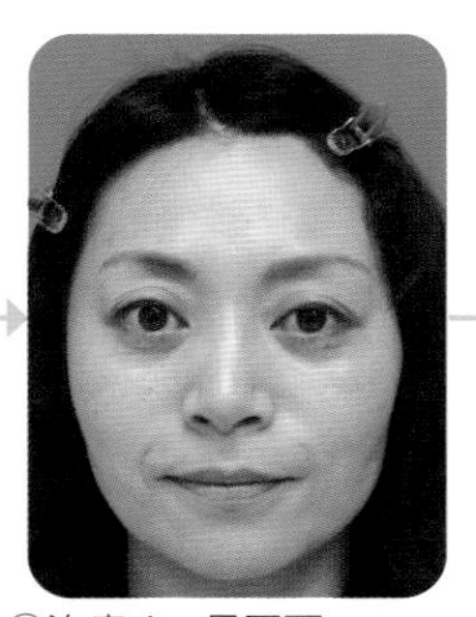

③治療１ヵ月正面

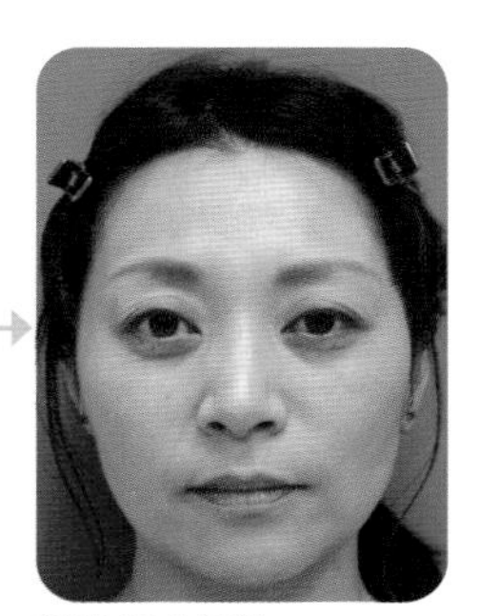

④治療 1年後

治療後

治療前の写真①と治療７日目の写真②を比べると、腫れはほぼ解消しフェイスラインがスッキリしています。治療 1ヵ月後では下顔面がさらに馴染んでいることが分かります。１年後の写真③では、皮膚の均一化・口元のシワも軽減し完成形といえる美しさです。

Case 27 20代女性 頬たるみ(バッカルファット軽減)

《《本人の悩み》》

以前、目の下のクマ治療に訪れた患者さんです。治療後、目の下のクマ症状は改善し満足していたようです。その当時から存在していた頬の膨らみが最近気になりはじめ、再度来院されました。

治療方針

年齢が 20 代と若く、頬のたるみ症状は軽度ですが、その原因は比較的多量の頬脂肪(バッカルファット)と診断しました。若いうちに頬脂肪軽減治療を行っておくと、中高年世代に顕著になりやすい頬のたるみの予防となります。

治療前

両頬の膨らみが原因で、軽度の頬下垂(たるみ)が確認され、軽度のほうれい線の発生も認められます。頬のたるみは皮膚自体のたるみというよりも、皮下にある頬脂肪(バッカルファット)の下垂が原因である場合がほとんどです。

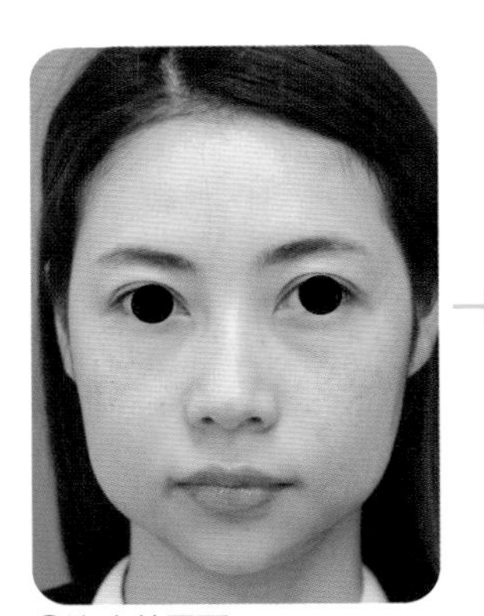

①治療前正面

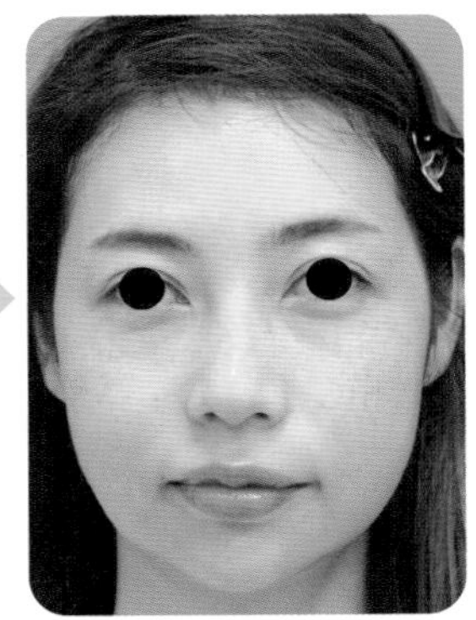

②治療 8 日後正面

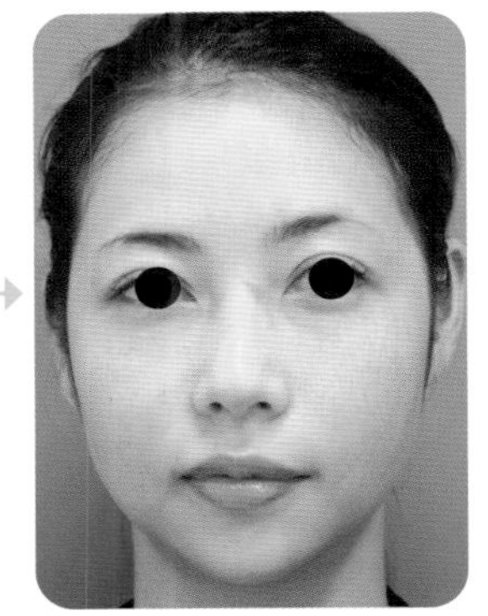

③治療1ヵ月後正面

治療後

頬脂肪(バッカルファット)軽減後に頬の窪みや凹みを危惧される方がいらっしゃいますが、除去する頬脂肪(バッカルファット)は口角に下垂した膨らんだ部位から摘出するので心配はありません。この患者さんの場合も、頬のたるみ、ほうれい線ともに大幅に改善しています。

Case 28 頬たるみ（バッカルファット軽減）

20代女性

〈〈〈本人の悩み〉〉〉

以前から下顔面のふくらみ（下ぶくれ顔）の改善方法を模索していたものの、なかなか良い方法が見つからず悩んでいましたが、知人の紹介で当クリニックの小顔治療を知り興味を抱いたようです。

治療方針

治療前写真を見るとわかるように、軽度の頬下部の張り出し（右＜左）と口角外側の下垂を認め、同症状は過剰バッカルファット（頬脂肪塊）が主な原因と診断されたため、バッカルファット軽減治療を行いました。

治療前

20代という年齢にしては、頬のふくらみ下垂が目立ちます。また、ほうれい線も出始め実年齢よりも老けて見えるということを、ご本人もかなり気にしておられましたが、バッカルファット軽減治療で解消するでしょう。

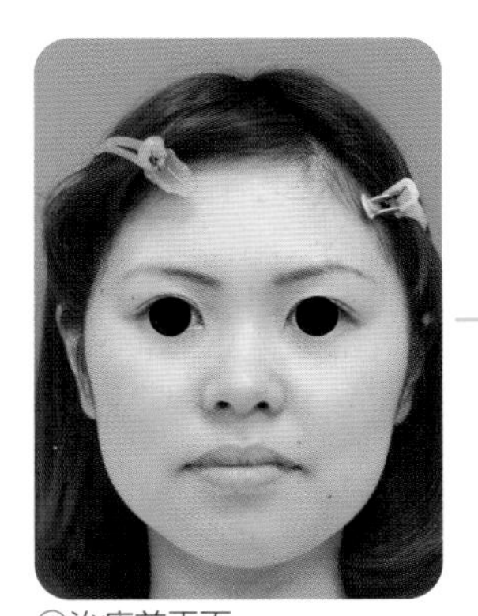

①治療前正面

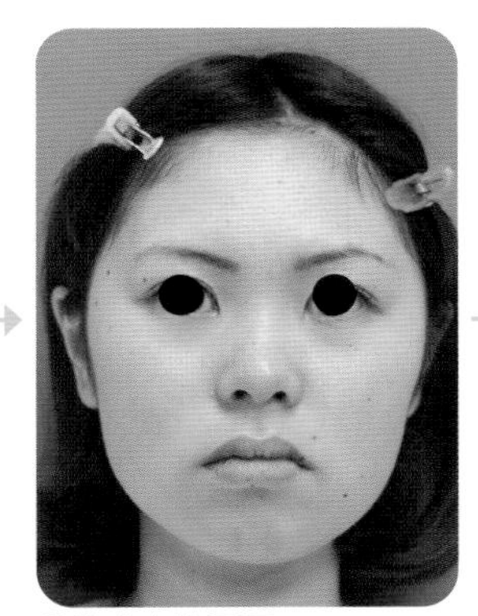

②治療直後正面

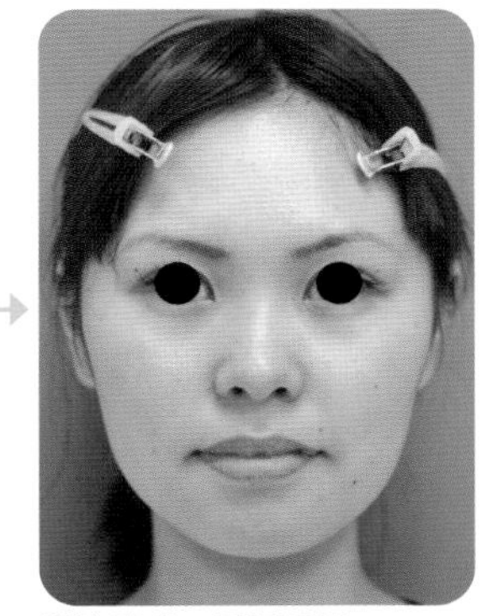

③治療 2ヵ月目正面

治療後

治療直後の写真を見ると、腫れはほとんど認めず無難に治療終了したことが分かります。治療 2ヵ月後の写真を見ると、下顔面のボリュームの減少と口角下垂が改善され、以前より小顔が得られたことがわかります。

Case 29 頬たるみ（バッカルファット軽減）

20代女性

〈〈〈本人の悩み〉〉〉

この患者さんは、20 代という若さですが、もともと頬の脂肪の塊 (バッカルファット) が多く、自分でも下膨れの顔がとても気になっていたようです。何とかしたいと思い当クリニックのカウンセリングを受けに来院されました。

治療方針

治療前の写真①を見ると、頬脂肪の影響で頬に下垂が生じています。このまま放置するとたるみが大きくなり、ますますフェイスラインを崩してしまいます。そこで、口腔内アプローチによるバッカルファット軽減治療を行うことにしました。

治療前

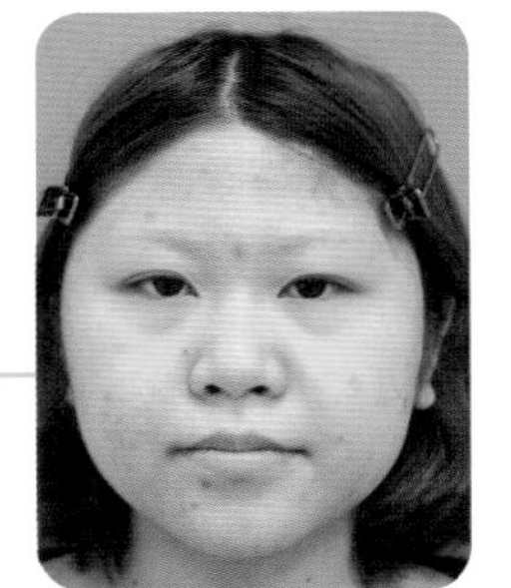

①治療前正面

美容治療は初めてということで不安を感じているようでしたが、手術前に改めてクリニックの見学に来られました。院内の設備や傷跡の残らないレーザーによる治療手順の説明を受けたことで、安心したそうです。

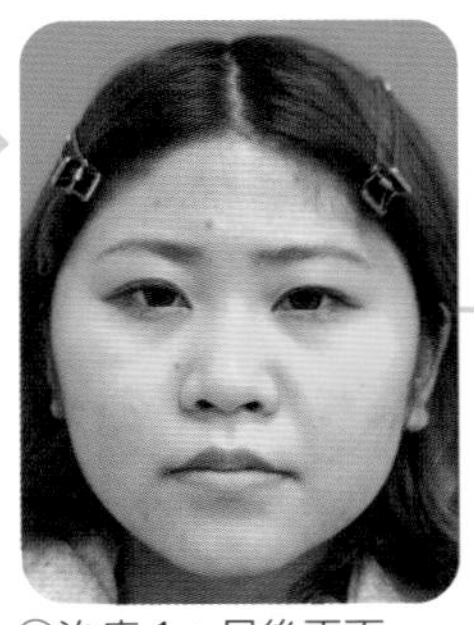

②治療 1ヵ月後正面

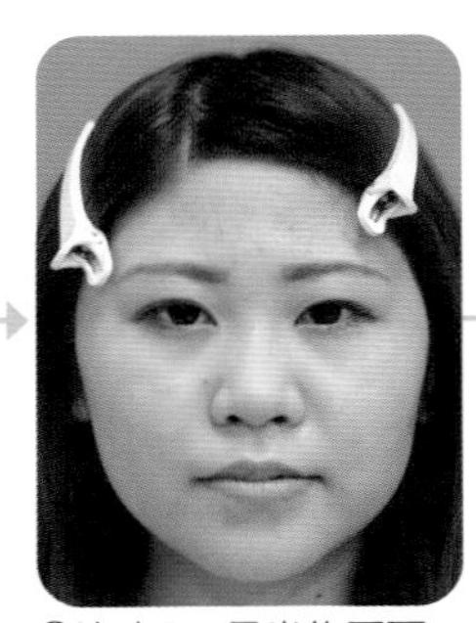

③治療5ヵ月半後正面

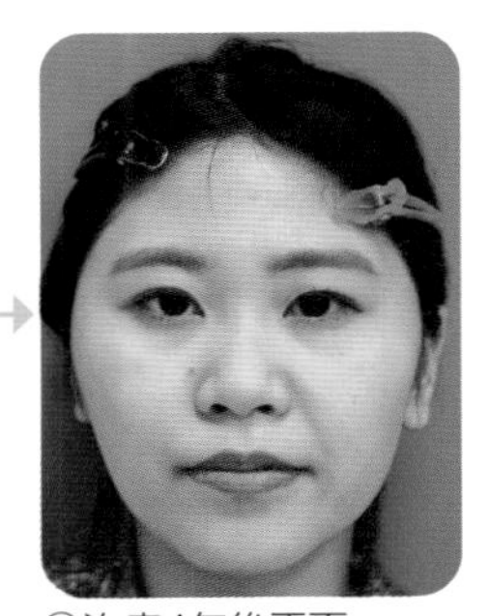

④治療4年後正面

治療後

治療前と治療 1 ヵ月後の写真②を比べると、頬のたるみが消え、治療 5 ヵ月半後の写真③ではフェイスラインが自然に。4 年後の写真④でわかる通り、頬たるみの戻りはなく魅力的な女性に生まれ変わっています。

Case 30 頬たるみ（バッカルファット軽減）

50代女性

〈〈〈本人の悩み〉〉〉

この患者さんは身長162cm、体重 39kg と非常に痩せていますが、頬の膨らみ、たるみはどれほどエステ治療やマッサージを行っても解消されなかったとのことで、この頬の膨らみ、たるみの相談に来院されました。

治療方針

これらの症状は皮膚自体のたるみよりも皮下に存在する頬脂肪（バッカルファット）の下垂が原因です。本人はフェイスリフト治療にも興味を示しましたが、その前にこれらの症状の根本的な原因を取り除くべきことをご説明し、ご本人も納得され頬脂肪（バッカルファット）軽減治療を行うことにしました。

治療前

治療前正面写真①を見ると、左側よりも右の頬の膨らみたるみが多く、ほうれい線、口角から下に伸びるシワ（マリオネットライン）、そして、両口角の軽度下垂症状も認められますが、これは加齢に伴う典型的な外見的老化兆候です。

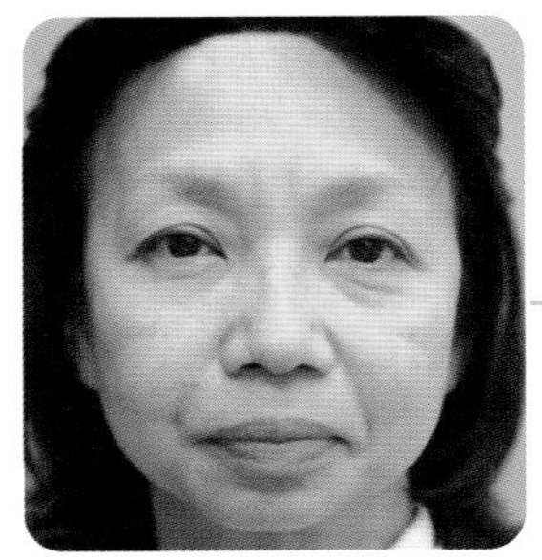

①治療前正面

②治療 6 ヵ月後正面

治療後

治療 6 ヵ月後の正面写真②を見ると、頬脂肪（バッカルファット）軽減治療を行ったことで、治療前に存在した頬の膨らみ、たるみが改善し、ほうれい線、マリオネットライン、両口角の軽度下垂症状もおおむね解消されました。

Case 31 頬たるみ（バッカルファット軽減）

30代女性

トータルフェイスデザインで、目の下のたるみと頬たるみ改善治療

〈〈〈本人の悩み〉〉〉

前から目の下のクマ・たるみが気になっていたのですが、このところ頬のたるみとほうれい線の症状も強くなってきたそうです。以前当クリニックで治療を受けた姉の勧めで訪れた患者さんです。

治療方針

治療前の写真①で、目の下のたるみと頬の下垂が認められます。そこで、トータルフェイスデザインによる目の下のたるみ治療と、バッカルファット軽減術を行うことにしました。

治療前

顔にメスを入れるという手術にとても不安を持っておりましたが、当クリニックで行う施術は傷跡の残らないオリジナルの治療法であることをご説明。不安なく施術を受けられました。

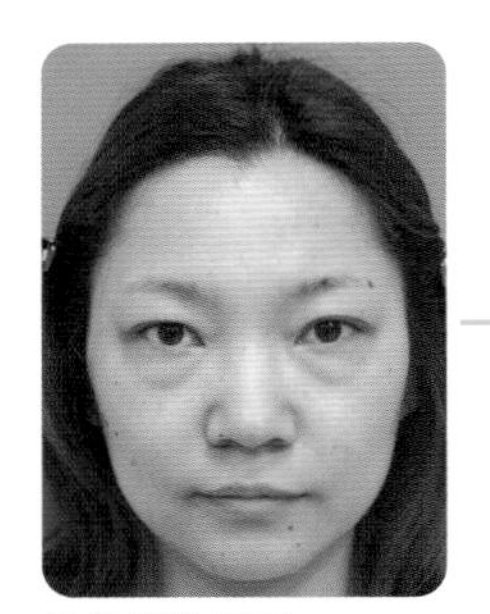

①治療前正面

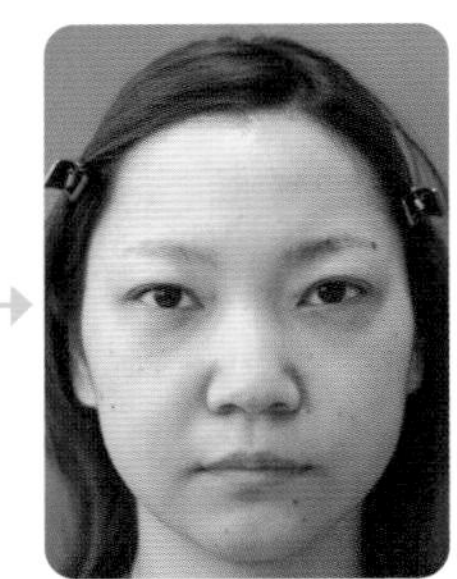

②治療１週間正面

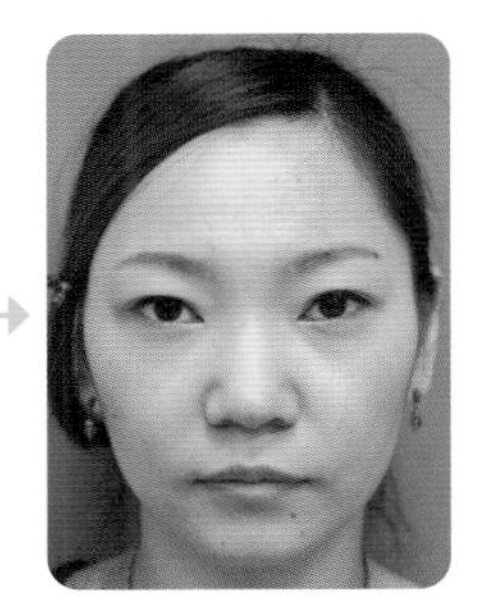

③治療１ヵ月後正面

治療後

トータルフェイスデザインで目の下のクマ・たるみと頬のたるみ治療を行いました。治療前の写真①と治療１ヵ月後の写真③を見比べると治療効果がはっきりとわかります。目元もすっきり、頬のふくらみも消え小顔で魅力的な女性に生まれ変わりました。

Case 32

40代女性

頬たるみ（バッカルファット軽減）

目の上下たるみ治療（case15）からトータルフェイスデザイン

《《《本人の悩み》》》

この患者さんは、カウンセリングに訪れた際に顔全体のたるみに悩んでおられました。そこで、当院オリジナルのトータルフェイスデザインをご説明したところ、まず特に気になるという目の上と下のたるみ治療（case15）を先行し、時間をおいて頬のたるみ治療（バッカルファット軽減）を行いたいということでした。

治療方針

相談に訪れた当時の写真①と、目の上下のたるみ治療後の写真②を比べるとたるみが消えすっきりした顔立ちになっています。しかし、中高年に典型的な加齢性顔面下垂の症状が目立ちます。そこで、トータルフェイスデザインの仕上げとしての頬たるみ治療を行います。

治療前

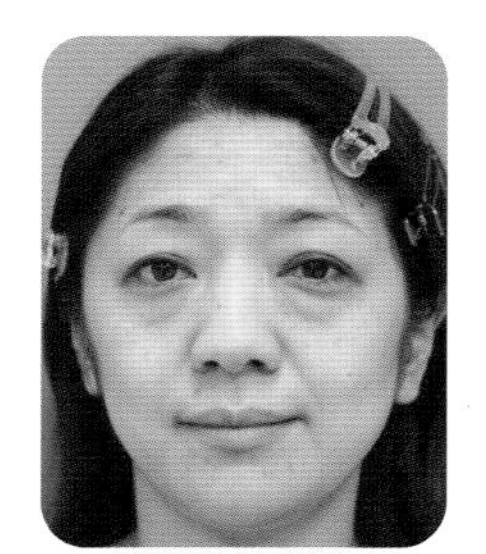

①目の上下たるみ治療前正面　②目の上下たるみ治療後正面

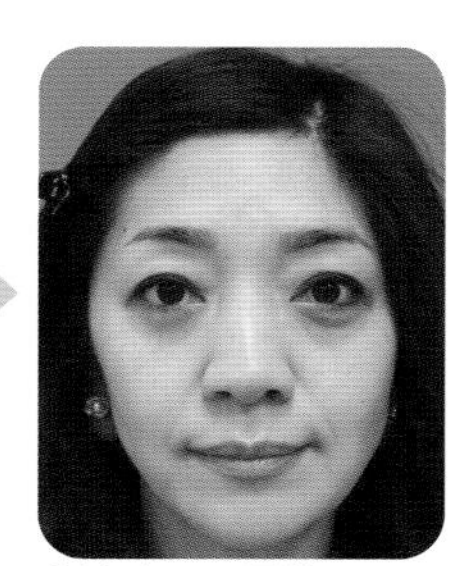

③治療 1 週間後正面　④治療 1ヵ月後正面　⑤治療 1年後正面

治療後

相談に訪れた際の写真①と目の上下のたるみ治療後の②の写真を見ると治療効果がはっきりわかります。さらに、頬のたるみ治療 1 週間後の写真③、1ヵ月後の写真④と頬のふくらみが軽減し、治療 1 年後の写真ではフェイスラインの美しさが際立つ小顔美人に生まれ変わったことがわかります。

Case 33 60代男性 頬たるみ(バッカルファット軽減)

トータルフェイスデザインで目の下、頬たるみ、首もと治療(case36)へ

〈〈〈本人の悩み〉〉〉

大変美意識の高い男性らしく、目の下や首もと、頬のたるみがとても気になるようで、トータルフェイスデザインを希望されました。まず、目の下のたるみと頬のたるみを解消してから首もとのたるみの治療も行いたいということでした。

治療方針

目の下のたるみ治療と、傷跡が残らない口腔内から行うバッカルファット軽減治療で両症状の改善を試み、時間をおいて首もとの脂肪吸引治療を行うことにしました。その結果、首もとのたるみも消え (case36) 若さを取り戻しました。

治療前

治療前の写真①でわかる目の下のたるみと頬のたるみですが、解消治療とバッカルファット軽減治療を行うことで顔全体の印象が若返ります。治療による軽減効果は持続しますので再度治療を行う必要はありません。

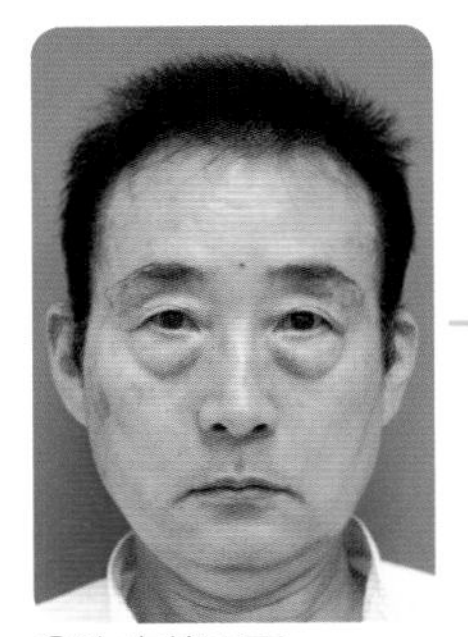

①治療前正面

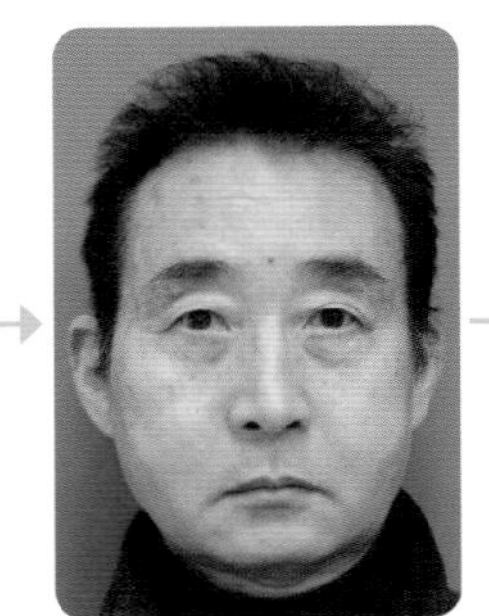

②治療 1 週間正面

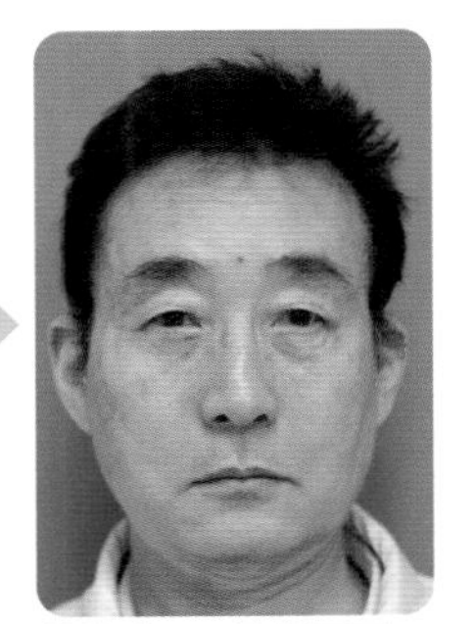

③治療1ヵ月後正面

治療後

治療1週間後の写真②を見ると頬に多少の腫れが認められますが、治療1ヵ月後の写真③では腫れは引いて、口角の下垂、頬のたるみが消え、口元周囲のシワも改善し顔全体が引き締まっています。

Case 34 頬たるみ（バッカルファット軽減）

40代男性

〈〈〈本人の悩み〉〉〉

以前に目の下のクマ・たるみ治療を求めて当クリニックに来院した患者さんです。この治療はすでに終了し良好な結果が得られていますが、今回は頬のたるみ、シワ等について相談するために来院しました。

治療方針

この患者さんのように中高年世代になると、頬脂肪（バッカルファット）の下垂によって、下顔面の容積（ボリューム）が増加する傾向があります。本人の強い希望により、将来の頬たるみ等の予防的効果も加味して、口腔内アプローチによるバッカルファット軽減治療を行いました。

治療前

治療前正面写真①を見ると、頬皮膚表面不整像やシワ等を認めますが軽度で、顔面の余剰脂肪である頬脂肪を軽減すると、シワが改善し下顔面の増大を防ぐことで引き締まった小顔になります。

①治療前正面

②治療 1 ヵ月後正面

治療後

治療 1 ヵ月後の写真②を見ると、治療前に見えた頬皮膚表面不整像とシワの改善効果が認められます。そのうえ、頬脂肪軽減後の下顔面の容積（ボリューム）縮小効果によって顔全体が引き締まり男らしい精悍さが見えます。

フェイスリフト治療

顔のシワ、首のシワ、頬・首のたるみ、しみ治療

加齢現象による容貌の変化

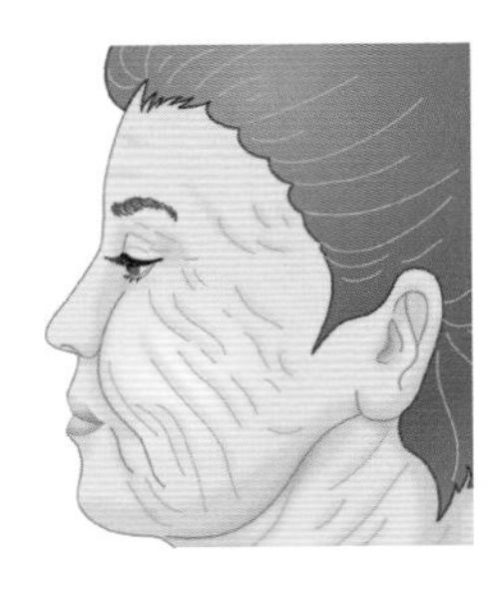

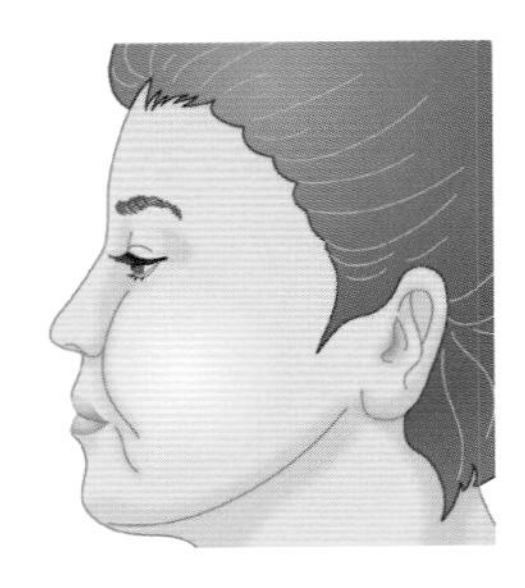

加齢により頬がたるんでくると、鼻から口角にかけて特徴的なシワ、いわゆる〝ほうれい線〟があらわれます。口角が下がったように見え、年齢を感じさせる容貌になります。頬のたるみは体質や生活習慣による個人差もありますが、早い場合、30歳代後半から40代前半にかけてあらわれてきます。

頬は、筋肉、脂肪、結合組織などの軟部組織のみで構成されているため、顔の中でもっともたるみやすい部分です。比較的高齢の場合は、前述の頬脂肪（バッカルファット）がたるみの原因ではないこともあり、そのまま放置すると最悪の場合、いわゆるブルドックのように、頬のあたりが伸びきった様相になってしまいます。一度たるんでしまった皮膚はなかなか元には戻りません。

治療法について

シワやたるみなど顔の老化現象には、多様な治療法があります。

- **すでにできているシワには**……▶ヒアルロン酸やアクアミドなどの注入
- **目尻眉間、額などの表情シワには**……▶シワの筋肉の力を弱めるボトックス注入
- **顔全体の皮膚の活性化、若返りには**……▶美容クリーム、ビタミンC導入、ケミカルピーリング等の美容皮膚科的治療も有効
- **メスを使わないシワとりには**……▶サーマクールという、特殊な波長のエネルギー(ラジオ波)を皮膚に当てる治療(フェイスリフト治療に近い効果を期待できます)

ケーブルを用いたアプトスリフト治療

皮下組織にポリプロピレンという糸を埋め込むことで皮下組織の結合組織を活性化させ、たるみを改善させます。これ以上たるまないように予防することに大変効果的です。

金の糸を皮下に埋没させる治療

金の糸を皮下に埋没させると、金の糸に対する生体反応で皮膚のたるみを予防するコラーゲンなどの物質が増加します。皮膚の張りを出す美肌効果とともに、頬のたるみを改善する効果があります。

頬のたるみをさらに効果的に改善したいのであれば、フェイスリフト治療をおすすめします。フェイスリフト治療は年齢や 症状に応じて様々な治療法があります。次ページで、2つの治療法をご紹介します。

ミニフェイスリフト

治療は症状の度合いにより異なりますが、比較的年齢が若く、たるみが少ない場合は、切開範囲を狭めたミニフェイスリフトを行うことが一般的です。 ミニフェイスリフトの切開は耳の横を 5 ～ 6 cm切開するだけなので、傷跡はほとんど目立ちません（図 -A)。

------- 剥離範囲

——— 切開線

図 -A

図 -B

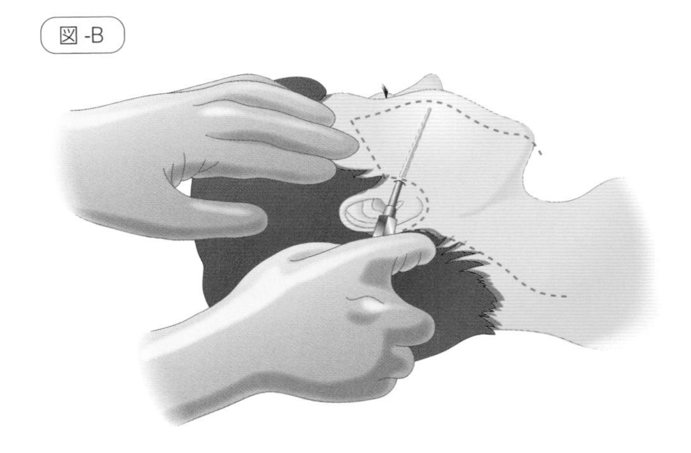

ミニフェイスリフトを行う際に、顔の引き締めも望む場合は、同時に顔の脂肪吸引を行うこともあります（図 -B)。

フェイスリフト

比較的年齢層が高く、たるみの程度が大きい場合は、フェイスリフトを行います。（図 -C）で示されるように、通常のフェイスリフトはミニフェイスリフトに比べると、切開線が少し長くなります。

------- 剥離範囲
——— 切開線

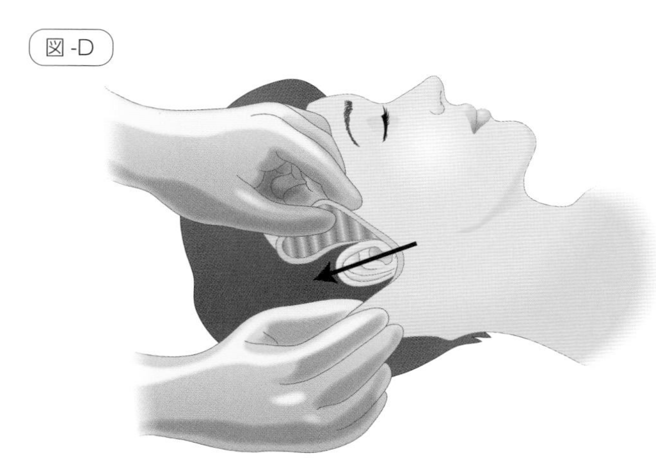

皮下組織の剥離が終了すると、（図 -D）のように皮膚をリフトアップし、余分な皮膚を切除した後、縫合して治療を終了します。

Case 35 目の下のたるみ、フェイスリフト、顔・首のシワ、たるみ、しみ

70代女性

《本人の悩み》

40 代後半頃から顔全体のシワ、たるみ、しみが気になっていたそうです。症状は年齢を重ねるにつれ著しくなり、周囲から実年齢以上に老けて見えると言われ、少なくとも年相応の状態まで改善したいと来院しました。

治療方針

●トータルフェイスデザインでの治療

(1) 目の裏からアプローチする目の下のたるみ治療をまず行いました。

(2) 1年後、上まぶたのたるみ治療とボトックス注入で、額のシワを改善しました。
(上まぶたのたるみが強く、皮膚が瞳に覆い被さっています。眉毛を持ち上げるために、額の筋肉を過剰に収縮させることが額のシワの原因です。)

(3) 眉間、目尻のシワには、眉間と目尻にボトックス注入。

(4) 右頬しみには、Q スイッチレーザーで軽減治療。

(5) 皮膚自体のたるみは皮膚切開法によるフェイスリスト治療を行いました。

治療前

この患者さんの場合 71 歳の日本人女性としては、比較的顔全体のシワ・たるみが強い傾向にあります。上まぶたのたるみ、頬のたるみ、首のたるみが顕著です。

治療後

顔全体のシワ、たるみが強い傾向にありましたが、治療 1 ヵ月後の写真⑥⑦⑧を見ると、額、目尻、眉間のシワが消えています。上まぶたのたるみも切開治療により改善したことが一目瞭然です。頬と首のたるみもフェイスリスト治療により大幅に改善。右頬のしみもほぼ解消したことで、実年齢よりずっと若返った印象になりました。

治療
前

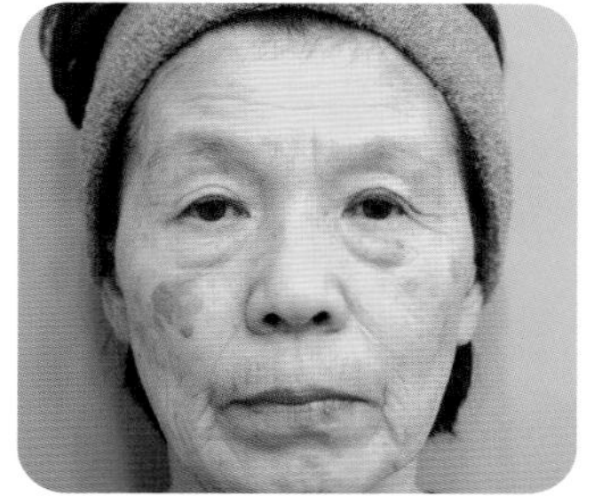
①治療前正面

治療
直後

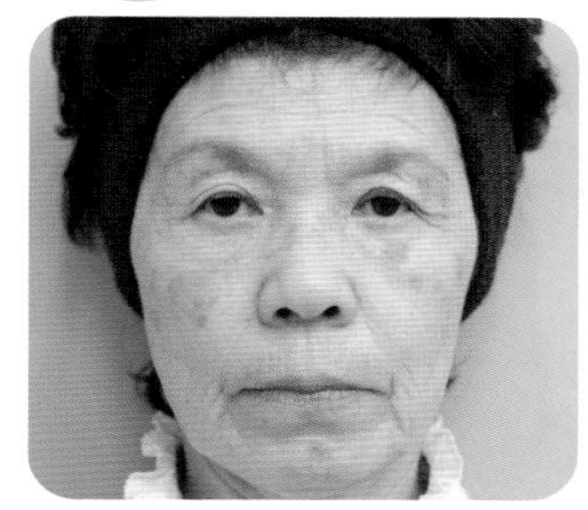
②目の下のたるみ治療直後正面

治療後
1 年経過

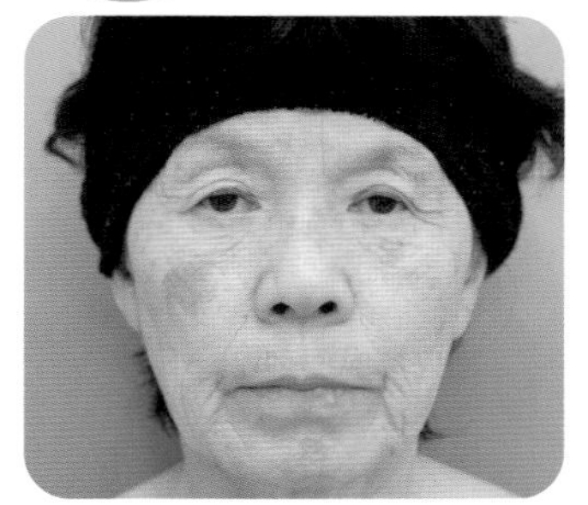
③治療前正面

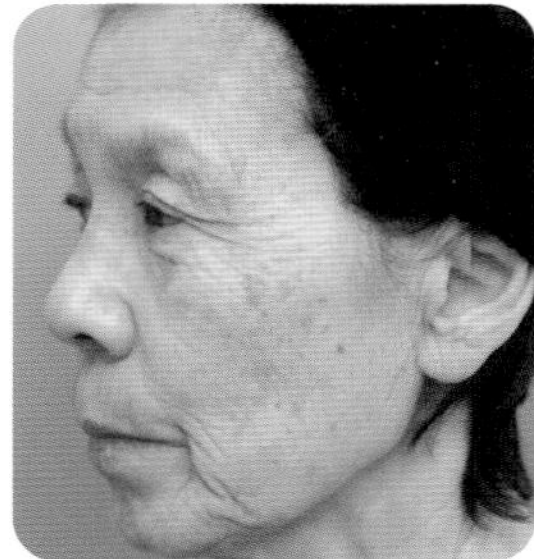
④治療前左斜め

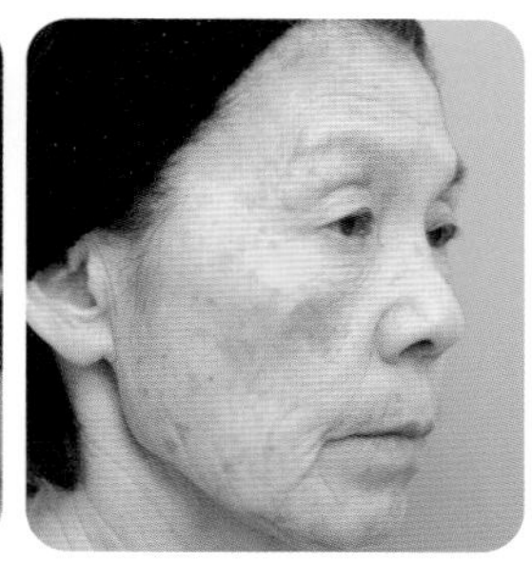
⑤治療前右斜め

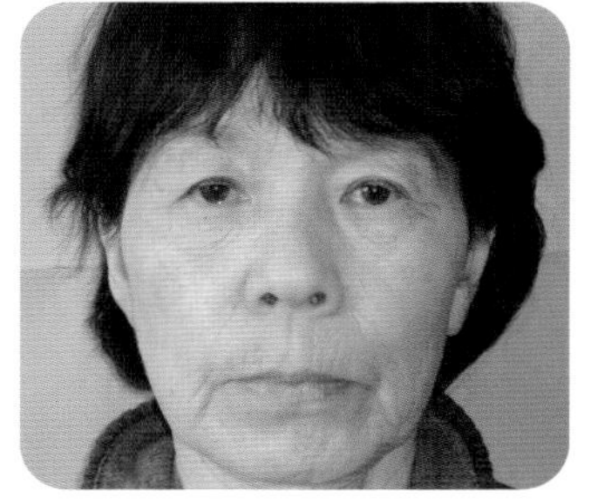
⑥治療 1 ヵ月後正面

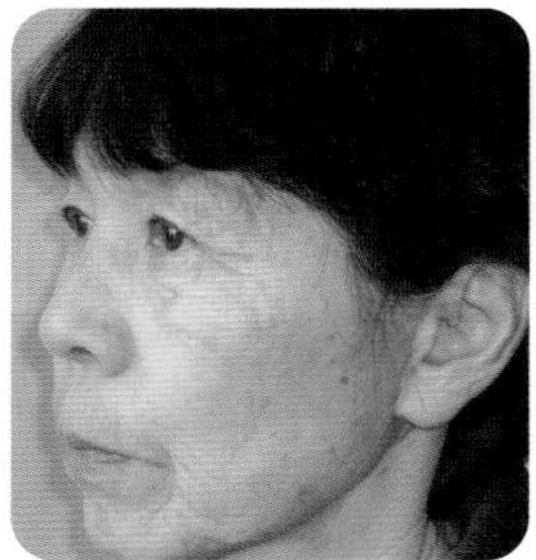
⑦治療 1 ヵ月後左斜め

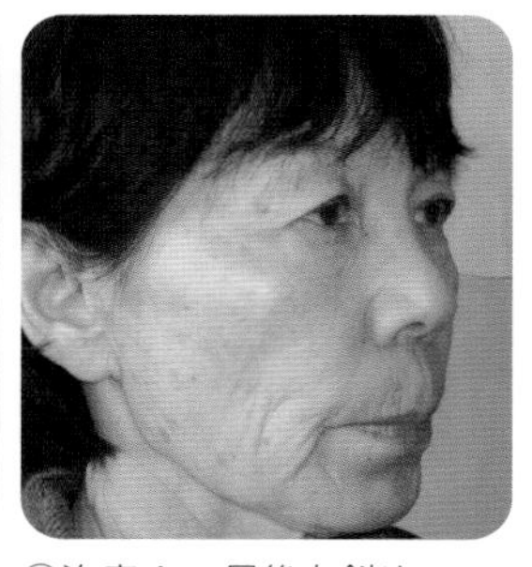
⑧治療 1 ヵ月後右斜め

皮下脂肪吸引による

部分やせ、たるみ治療

余分な皮下脂肪を吸引器で吸引・軽減する治療法で、部分やせやたるみの治療として効果的な方法です。脂肪吸引法は医師のテクニックによって手術効果に差がでてくる手技です。

脂肪吸引が可能な部分は、顔の各部位や、頚部(二重あご)、腹部、上腕(二の腕)、背部、臀部(おしり)、下肢(ふくらはぎ)、大腿(太もも)、など、皮下脂肪がある部分となります。

ただし、見た目は同じでも、太鼓腹のように(内臓脂肪のために)内臓がはっていて皮下脂肪が少ない場合や、頬やふくらはぎなどで筋肉が発達して皮下脂肪が少ない場合などは効果が少ないことがあります。ご希望の部位で脂肪吸引が有効かどうかカウンセリング時に積極的にご相談ください。

過度なダイエットを繰り返して皮膚が弛緩している方や、高齢者の方、高度な肥満の方の場合は、時として皮膚がたるむ可能性があります。

施術の流れ

手術前

安全に手術を行うため術前検査が必要になりますので、手術前に一度ご来院いただきます。手術当日は、体調を整え手術にのぞんでいただきます。
患者さんによって術前計画が異なりますので、カウンセリング時に詳しくご説明いたします。

麻酔

局所麻酔や硬膜外麻酔、全身麻酔（静脈麻酔・吸入麻酔）など、部位や範囲などによって麻酔方法が異なります。もちろん患者さんの希望によって選択することも可能です。

脂肪吸引

麻酔後に、切開ラインから脂肪の吸引管（カニューレ）を挿入します。一般的なカニューレは2～4㎜程度の細いものです。様々な種類がありますが、脂肪吸引する部位や深さ、皮膚の張り具合、脂肪の付き方などを考えて適切なものを選びます。
当クリニックでは、皮膚の保護にスキンプロテクターを用います。さらに、少しでも傷が気になることがないようにできるだけ目立たない部位から吸引を行います。

手術直後

手術後、しばらくのあいだクリニックで休んでいただきます。

手術後

部位により術後の圧迫やマッサージが必要となります。二重あごなどは比較的早く効果が実感できますが、一般的に吸引後の皮膚は術後半月から2ヵ月くらいかけてひきしまってきますので、術後すぐに落ち着くわけではありません。経過の確認や圧迫の解除など個人差はありますが何度か来院いただきます。

Case 36 顎下(首もと)脂肪吸引

60代男性

トータルフェイスデザインでバッカルファット軽減治療(case33)も

〈〈〈本人の悩み〉〉〉

この患者さんは当クリニックで行う抗加齢(アンチエイジング)外科治療であるトータルフェイスデザインに関心があり、まず目の上下・頬たるみ(バッカルファット軽減治療case33)を行いました。今回は首のたるみの改善治療で再来院されました。

治療方針

治療前写真①で見ると、加齢による顕著な首もとのたるみ(いわゆる二重あご)が認めれます。首のたるみは両耳下と顎下約 2㎜の進入口からアプローチし、最初に超音波(ベイザー治療器)で皮下組織引き締め(タイトニング)を図り、その後脂肪吸引で顎下の余剰脂肪除去を行いました。

治療前

加齢により生じた首もとのたるみやあご下のシワは、年齢加齢が強調されるため多くの方が気にされる部位です。この患者さんも気にされていましたが、今回の根本的な治療で解消するでしょう。

①治療前正面

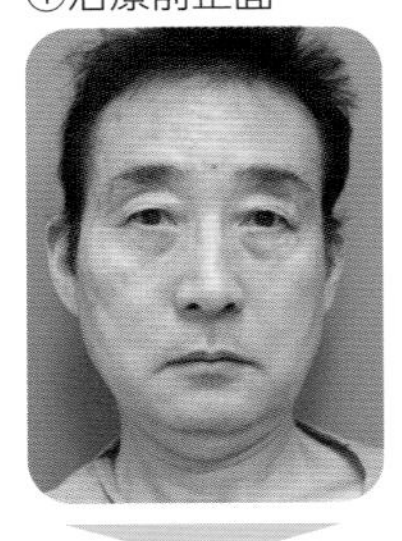

②治療前右横拡大

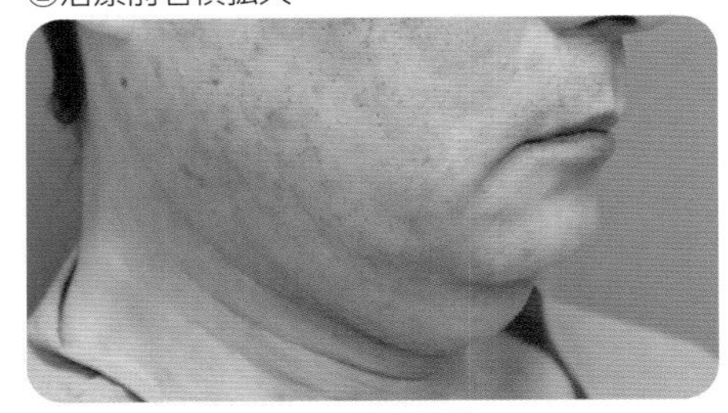

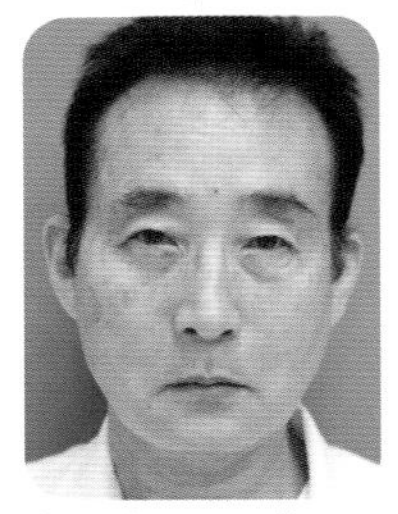

③治療 1ヵ月後正面

④治療 1ヵ月後右横拡大

治療後

治療 1 ヵ月後③④の写真を見ると、首もとのたるみはほぼ解消されました。原因を根本的に治療するとシワも効果的に解消することがわかります。顎下引き締め・脂肪吸引治療は傷跡や後遺症を残さない安全な治療なのです。

Q & A

美容治療を受ける方からよくある質問

目の下のクマ・たるみ治療について

Q 目の下のクマ・たるみとはどのような状態のことを言いますか?

A 目の下のクマは、下眼瞼の皮膚に陰影ができたり皮膚色素が濃く見える場合を言います。たるみとは、下眼窩脂肪が前方にふくらんで、たるんだように見える状態を言います。厳密に区別することは難しく、両要素が混在している場合がほとんどです。

Q 目の下のクマやたるみの原因は何ですか?

A 遺伝的要素が主な原因と考えられます。我々の祖先がモンゴル大陸で暮らしていた頃、寒さの防御機能として脂肪は重要な役割を果たしていました。特に眼球は大変繊細な器官なので、寒さから守られる必要があったのです。そのため、祖先の遺伝子を引き継いだ人々の眼周囲には脂肪が多いと思われます。

Q 加齢とともに目の下のクマ・たるみが目立つのはなぜですか?

A 若年層時代は皮膚組織は弾力性に富み、皮下支持組織(靱帯等)は強靱なので、下眼窩脂肪の前方突出がそれほど顕著ではありません。しかし加齢にともなう皮膚の弾力性の低下や皮下支持組織(靱帯等)の緩みが出現するため、歳を重ねるほど症状が目立ちはじめます。

Q 目の下のクマやたるみの主な原因となっている脂肪を軽減しても、また元に戻ってしまうことはありますか?

A いいえ、ありません。脂肪は脂肪細胞が蓄えますので、その脂肪細胞自体を軽減することで脂肪が再び蓄積することはありません。ですから、原則的に一生に一度きりの治療で効果は持続します。

Q 目の下のクマやたるみ治療で、目の下に凹みやシワは発生しませんか?

A 人体皮膚にはゴムのように弾性力に富んだ弾性繊維があり、皮膚を収縮させます。したがって適切かつ均一に(バランスよく)脂肪軽減操作を最小限に行う限り、凹みやシワが発生することはありません。

Q 麻酔はどこにどのようにするのですか?痛みはどの程度ですか?

A 麻酔は目の裏の粘膜に32ゲージという現在使用できるものの中で、一番細い針を用いて行います。ですから、ほとんど痛みは感じないと言ってよいでしょう。

Q 目の下のたるみに対する根本的治療はどのようなものですか?

A 銀座CUVOオリジナルの治療法「アイデザイン」ならば、目の裏側から高周波(RF)レーザーメスを用いてアプローチ(進入)するため、傷跡が残る心配はなく、過剰脂肪を丁寧に少しずつ必要最小限に切除・軽減してバランス良く平坦化することができます。

Q 目の下のたるみ治療後の経過、腫れなどはどうですか?

A 手術直後からほとんど腫れることはなく、翌日から普通の生活に戻ることが可能です。粘膜面に最小限の進入を加えるだけなので、通常の手術に必要な縫合、抜糸なども必要ありません。

Q 治療にともない、眼球を傷つけるなどの危険性はありませんか?

A ありません。治療部位は眼球から10㎜以上離れた位置にあるので、この治療によって眼球を傷めたりすることはありません。

Q 傷跡が残らないのでしょうか?

A 熟練した医師が目の裏の粘膜から脂肪軽減治療を行う限り、顔の表面から見える傷が残る可能性は0%です。

Q いわゆる“あかんべー”のような目の変形をきたすことはないのでしょうか?

A 皮膚切開を用いず、目の裏側から治療を行う限り“あかんべー”のような皮膚の変形を起こす可能性は0%です。

Q 凸凹感が残ることはないのでしょうか?

A この治療に熟練した医師が下眼窩脂肪を内側から中央、そして外側まで平均的に平になるよう軽減させると、凸凹感が残る可能性は極めて低いと言えます。

Q 腫れやあざがいつまでも残ることはないのでしょうか?

A 腫れは通常の場合ですと数日でほぼ正常範囲まで戻ります。全く同じ治療を行なっても、腫れ方はその個人の健康度によって異なります。20代前半の健康な方ですと、腫れはせいぜい2日程度と、速やかに解消されることがほとんどです。

Q 目に機能的な障害を残すことはないのでしょうか?

A この治療は下眼瞼粘膜から目の下のたるみの原因である下眼窩脂肪を軽減・調節し、それと同時に下眼瞼皮膚のリフトアップを促すことを目的とした治療です。その際、レーザーが侵入するのは下眼瞼裏側の粘膜面ですので、眼球に傷をつける可能性は0%です。

Q 銀座 CUVO クリニックの目の下のクマ・たるみ治療は他院で行われている、いわゆる“脱脂”と同じでしょうか?

A いいえ、違います。当クリニックではいわゆる“脱脂”と呼ばれる治療は行っていません。この“脱脂”のみの治療はあまりお勧めできません。何故なら、下眼窩脂肪を過剰除去すると、へこみや皮膚不整(でこぼこ)などの好ましくない問題を引き起しかねないからです。

Q 目の下のクマ、特に色素沈着が気になりますが、目の下の脂肪をとると色素沈着は良くなるのでしょうか?

A はい、目の下の黒っぽい色は目の下の脂肪を軽減させるとかなり改善されます。目の下に色素沈着があるかどうかは、目の上の皮膚の色も参考になります。目の上に色素沈着がないのに目の下のみ黒っぽく見えるのは目の下の脂肪が原因である場合がほとんどです。色素改善に対するスキンケアを行っても、この脂肪が存在する限り目の下のクマは消えません。逆に目の下の脂肪を軽減してから、スキンケアをすると黒っぽく見える目の下のクマはほとんど目立たなくなるのです。

Q 銀座 CUVO クリニックで行う目の下のクマ・たるみ治療が30分程度で終了するのは何故ですか?

A 当初、両目の目の下のクマ・たるみ治療の所要時間は2時間程度でした。次第に症例数が増え、その数が3000症例を超える頃から治療手技が確立され、治療時間は30分程度に安定しました。これ以上時間を短縮することは難しいですが、治療時間が両目で30分程度であれば、十分に良好な結果が得られます。

頬のたるみについて

Q 加齢とともに頬がたるむのはなぜでしょうか？頬のたるみの効果的な治療は何でしょうか？

A 頬のたるみは頬に存在する“頬脂肪（バッカルファット）”と呼ばれる脂肪塊の下垂が主な原因です。加齢に伴い、顔面構成支持組織にゆるみが生じます。その結果、若年時は上方に位置していた頬脂肪が中高年層になると次第に下方に落ちてゆき、頬のたるみとして認識されるようになります。この頬脂肪を適切に軽減すると、頬下垂の原因が解消されるため、頬全体がリフトアップされたり、ほうれい線が軽減します。したがって、頬脂肪の軽減治療は頬たるみ改善のための効果的治療といえます。

Q 頬脂肪（バッカルファット）はどこに存在していますか？

A 一般的に脂肪は皮膚直下に存在する皮下脂肪のことを意味します。ですが、頬脂肪は皮下ではなく、顔面深部の２層の筋肉（咬筋と頬筋）の間に挟まれるように存在する特殊な脂肪組織です。このような筋肉下に位置する特殊な脂肪は体内に２つのみ存在します。それは頬脂肪と、目の下のクマ・たるみや目の上のたるみの原因となる眼窩脂肪なのです。

Q 頬のたるみ治療はどのように行うべきですか?

A 顔面は加齢とともに皮下支持組織が弱くなり、目周囲や頬脂肪塊が下垂していきます。例えば、目の上の脂肪は上瞼のたるみとして、目の下の脂肪は目の下のクマ・たるみ症状として、頬脂肪は頬のたるみとしてそれぞれあらわれます。

これまで頬のたるみは、メスを使ったフェイスリフトや、糸で頬を引っ張り上げるケーブルリフトが一般的でした。しかし、たるみの原因である頬脂肪が存在する限り、どんなに皮膚を引っ張り上げても、頬はまたこの頬脂肪の重みで次第に下がっていきます。ですから、頬をたるませる重しとなる頬脂肪を軽減することが頬のたるみ治療の第一選択肢となります。

頬脂肪を適切に軽減すると、頬組織荷重が大幅に軽減し、自然な頬の引き上げ(リフトアップ)効果が得られます。そして、その効果は恒久的に持続します。

Q 治療方法について具体的に教えてください。

A 治療は、口腔粘膜からレーザーで進入します。口腔粘膜面に約 1 ~ 1.5 cm の進入口を開き、頬筋を剥離しつつ頬脂肪に到達します。

頬脂肪は一つの皮膜に包まれて存在しているので、その一端を把持し、引き出しながら、これをレーザーで止血、焼灼しながら軽減してゆきます。

完全止血を確認した後、粘膜面を縫合して閉じ、治療を終了します。

治療所要時間は両頬の治療で 1 時間程度です。治療 1 週間後に来院していただき、口腔粘膜閉創部の抜糸を行います。

Q 頬脂肪軽減治療後に頬が窪んだりするなどの後遺症はありますか?

A 当クリニックで適切な治療を行う限り、そのようなことはありません。除去され解消されるのは頬下部であって、頬上~中部に影響を与えることはなく、頬自体が窪んだりすることはありません。また、頬脂肪は咬筋と頬筋に挟まれているため、この脂肪塊を除去しても皮膚に対する直接的影響はほとんどありません。また、頬脂肪軽減治療はレーザーを用いた低侵襲治療であり、組織に与える損傷もほとんどなく、それ以外の後遺症が発生することもありません。

Q 口腔内から行う頬たるみ治療(頬脂肪軽減)はいわゆる“フェイスリフト”治療と同じ効果が得られるのでしょうか?

A 口腔内から行う頬たるみ治療の効果は症例によって異なり、フェイスリフトと同様な効果が得られる場合もありますが、それより劣る場合もあります。この治療の効果は若年齢層(30 ~ 40 歳代)に行うほど高くなります。もちろん、中高年層(50 歳以降)の方が治療を受けても治療効果は期待されますが、長年頬脂肪が存在したことで皮膚自体が下垂している場合も少なくありません。このように中高年層以降の方が皮膚自体のたるみの改善も同時に望む場合は、口腔内から行う頬たるみ治療(頬脂肪軽減)後にフェイスリフト治療を引き続き行うべきでしょう。

第3章 6つの美容習慣

若さと美しさをいつまでも

いつまでも10歳若く美しい顔でいるために

トータルフェイスデザインによって美しくなった自分を実感したその日から、
新しいあなたが始まります。メイクやファッションの楽しみ方が変わり、
出かけたり人にあったりすることも、新鮮に感じるでしょう。
この感動と若返った顔をいつまでも保ち続けるには、毎日のケアが欠かせません。
これからもずっと10歳若く美しい顔でいられるよう、
今日から始められるデイリーケアの方法をご紹介します。

美しさの秘訣は6つのSケアにあった！

Sケアとは、私が提唱する、若く美しい顔を
保ち続けるために必要な6つの美容習慣のことです。

スキンケア
スマイルケア
スマートフードケア
スリープケア
スポーツケア
スッキリメンタルケア

これらすべての頭文字を取って「Sケア」と呼びます。

毎日6つもやるの!? と驚かれるかもしれませんが、どれも毎日の生活習慣を美容に有効なものへ変えるだけの、シンプルな方法です。洗顔、食事、睡眠など日々行うことを、「なんとなく」から「美しさのための習慣」へ変えるイメージです。美しくなるためにやっているという“意識の変化”も、美容に欠かせないエッセンスとなります。

1 スキンケア

スキンケアというと、化粧品を塗布して肌を健やかに整える作業だと思われがちですが、実は汚れを落とすクレンジングや洗顔の時点から始まっています。もっというと、クレンジング・洗顔の方法が、後のスキンケア効果を良くも悪くも左右します。

あなたは、クレンジングや洗顔を、何も考えず義務的に済ませていませんか？ 正しく理解、実践すれば、クレンジングや洗顔は、立派なアンチエイジング効果を発揮してくれます。そして、化粧品の種類よりも大事なのは、「保湿」です。

大切な 3 つの要素
クレンジング
洗 顔
保 湿

エイジングは正しいクレンジングと洗顔、保湿で防げる！

正しいクレンジング

アイメイクにかけた時間ぶんだけクレンジングも丁寧に

顔の皮膚のなかでも、アイエリアはとくにデリケート。こするなどの刺激は色素沈着の原因となります。アイメイクをしたときと同じくらいの時間をかけて、ゆっくりやさしく丁寧に汚れを落としましょう。

こすらずに、ゆっくりやさしく時間をかけて丁寧に落とします。

アイラインやマスカラなど、やさしくなでるだけでは落ちにくいものは、綿棒などを使って先に落としておきましょう。

BB クリームだけ、日焼け止めだけの日もクレンジングを

多くのBBクリームや日焼け止め化粧品にも、洗顔料だけでは落とせない成分が入っています。ベースメイクだけの日も、必ずクレンジングを行いましょう。アイメイクと同じく、ゆっくりやさしく丁寧に。たっぷりのクレンジング剤で、肌をなでるように汚れを落とすことで、色素沈着防止になります。

Caution!

クレンジングとは、メイクアップ化粧品や日焼け止めなど、洗顔料だけでは落ちない汚れを落とすこと。きちんと落としておかないと、洗い残した汚れの上から化粧水やクリームを塗ることになってしまいます。

正しい洗顔

洗顔料は肌質に合わせて選ぶ

保湿化粧品類に比べ、洗顔料を肌質で選ぶ人は少ないですが、洗顔料を正しく選んでおくと、化粧水や美容液、クリームの浸透がより良くなります。

［脂性肌］ 脂分をしっかり落とすには、洗浄力が強めの固形石けんがおすすめです。泡立ちがいいもののほうが洗浄力も高くなります。

［乾燥肌］ 固形石けんでは洗浄力が強すぎる可能性があります。できればワセリンやセラミドなどの潤いを守る成分が配合された洗顔料を選ぶといいでしょう。

［混合肌］ 泡立ちよりも、洗いあがりがしっとりするものを選びます。泡立ちが良いほど界面活性剤の量も多くなり、必要な脂分も落としてしまいやすいからです。乾燥肌と同じく、ワセリンやセラミドなどの潤いを守る成分が配合された洗顔料を選ぶと乾燥しにくくなります。

Caution!

クレンジングオイルに保湿効果があると思い、しっかり洗い落とさず肌に残す人がいますが、クレンジングオイルはあくまで汚れを落とすためのもので、保湿を目的にはしていません。汚れの混ざったオイルを肌にとどめておくことは、かえって肌荒れの原因となりますので、きちんと落としましょう。

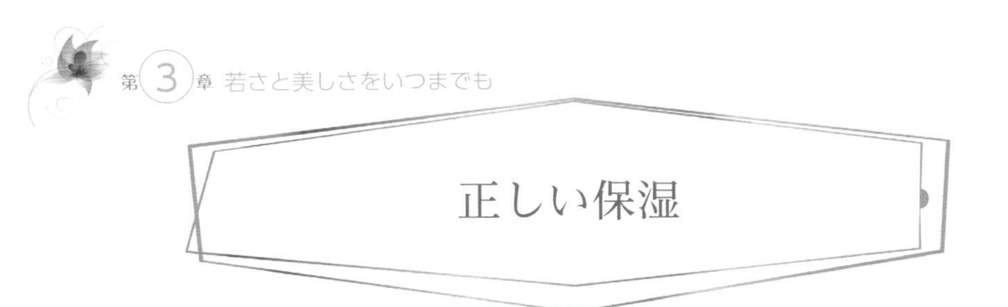

正しい保湿

化粧水は素早くたっぷり贅沢につける

化粧水は、洗顔後なるべく早く、肌の水分が蒸発しないうちにつけます。

少し贅沢に使いましょう。手のひらに直径2.5㎝前後に広がる量を１回分の目安に、顔にまんべんなく２～３回塗布します。（製品に目安量が記載されている場合、それに従います。）

たたき込まず、ハンドプレスで

化粧水やクリーム類は、強くたたき込めば浸透するわけではありません。それどころか、たたく刺激は肌にダメージを与えてしまいます。理想は、ハンドプレス。手のひらの体温を使って、保湿化粧品をゆっくりと肌へ送り込みます。

スキンケアにパックは必要？

パックは基本スキンケアのプラスアルファとして、さらなる保湿や美容成分の浸透を目的に行うものですので、行わないと肌に悪い影響があるわけではありません。

剥がすタイプや洗い流すタイプは、使いすぎると必要な皮脂や角質まで落としてしまい、かえって肌を傷めてしまいます。

パックは、お風呂上がりのリラックスした状態で行うのがおすすめです。パックで潤った肌を、睡眠中の代謝でさらに美しく輝かせましょう。
あらかじめ保湿や美容成分を浸透させているシートパックなら、週１～２回でいいように作られています。毎日行いたい人は、お手持ちの化粧水をコットンやシートマスクにつけたパックで充分です。

パックは長時間置くほど保湿できると思われがちですが、長時間置くとパックシートが乾燥し始め、せっかく保湿した肌の水分をパックシートが奪ってしまいます。パック製品ごとの決められた時間を守って、効果的に使いましょう。

フィニッシングマッサージ

仕上げにリンパを流してスッキリ

スキンケアの最後にちょっとひと手間、「フィニッシングマッサージ」を加えると、輪郭や表情がくっきりとし、お手入れの効果を実感できます。リンパの流れをよくし、老廃物を流すことで、小顔になりやすい状態へ。また、むくみを解消し、フェイスラインをシャープに整えることができます。マッサージは、マッサージクリームやオイルを塗布しておこないましょう。

1. フェイスラインをシャープに

①両手の人差し指と中指を折り、第二関節であごをはさみます。
②２本指を滑らせ、エラの角まで軽く上にあげていきます。

2. むくみを解消して小顔

まずは２本指を耳の後ろにあてます。

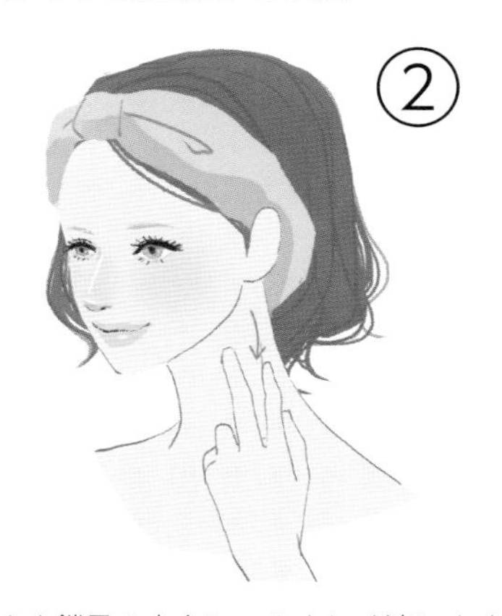

そのまま鎖骨の方向に、やさしく流します。

2 スマイルケア

笑ったり、泣いたり、おこったり。なにげない喜怒哀楽も、意識して顔の筋肉を動かせば、即席フェイシャルエクササイズになります。明るく引き締まった若々しい顔に見られるためには、美しい笑顔で過ごすことがポイントになります。

美しい笑顔とは

- 頬骨と口角がキュッと上向きに上がっている
- 目はおじぎをした三日月のような形

笑顔筋を鍛えれば、見た目の印象だけでなく気持ちまで明るく美しくなります。

スマイル筋を鍛える

美しい笑顔は、スマイル筋（表情筋）をしっかり大きく動かすことで作られます。スマイル筋は、その名の通り笑顔をつくるために使う筋肉。体と同じようにスマイル筋を鍛えれば、たるみのない、引き締まった顔印象になります。

スマイル筋とは

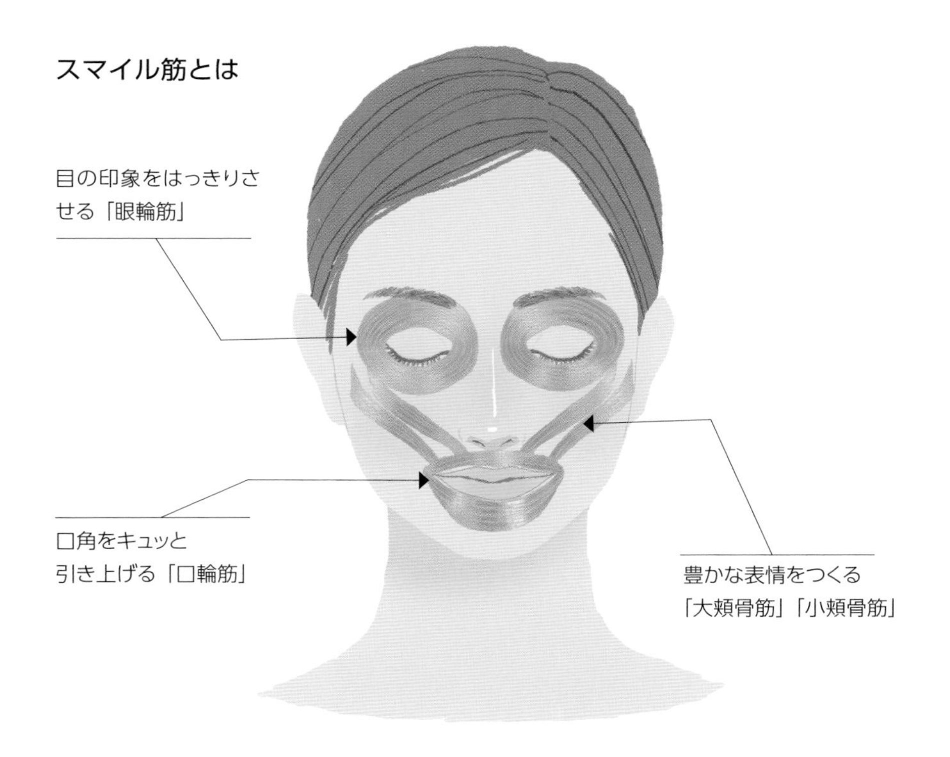

**これらの筋肉をとくに意識しながら、
顔全体の筋肉を動かし、鍛えます。**

STEP 1　目力トレーニング（目の印象をくっきりさせる）

①
表情を動かさず、瞳だけを上下左右に 20 回程度、ゆっくり動かします。

②
表情を動かさず、まぶたの開閉を 3 秒ずつ、20 回程度行います。

これを朝晩 1 セットずつが理想です。目の印象だけでなく視界もスッキリするので、スマホやパソコン、読書の合間に、目を休ませる目的を兼ねて行うのも良いでしょう。

STEP 2　口角トレーニング（口角、頬の位置をアップさせる）

①
上下の唇を、ぐっと引き締めるように閉じます。口角を左右に広げるようなイメージで動かし、10秒間キープ。

②
唇を前に突き出し、
10秒間キープ。

③
頬の筋肉を使って
口角を上げるイメージで、
10秒間キープ。

人の見ていないところで、気がついたときに何度でも。

STEP 3　表情トレーニング（顔全体の引き締め）

目と口を思いきり大きく開け、その後思いきりすぼませる。
この動作を 20 回ほど繰り返します。開け、すぼめの時間は各 3 秒程度で OK。
頬や口周りの筋肉もしっかり動いていることを意識します。

おでこと眉を上げずに目を見開けるようになると、
おでこの表情シワ防止にもなります。人の見ていないところで、
気がついたら何度でも。

メイクでより美しい笑顔に

スマイル筋が鍛えられた若く美しい笑顔を、より美しく華やかにするメイクテクニックを自分のものにしましょう。

アイブロウ

眉山は、眉頭から眉尻の間３分の２の位置につくり、全体的にふっくらと丸みのあるアーチにします。髪を明るくカラーリングしている場合は、髪色と眉色を合わせると、よりアカ抜けた印象になります。

アイライン

黒目の上をいちばん太く描くと、目全体が大きくパッチリとした印象になります。色は、ブラックを選ぶとはっきりとした印象に、グレー系やブラウンよりですと優しい雰囲気になります。

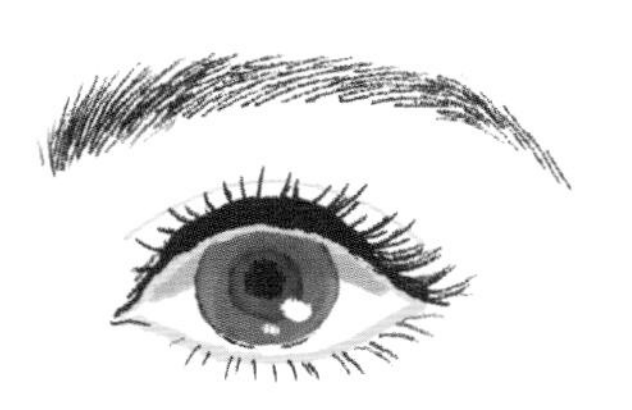

リップ

リップペンシルを使って、上がり口角をデザインします。
まずはファンデーションで唇全体の輪郭をぼかします。

［上唇］ 口角より１ミリほど外側にふっくらとラインをひき、そのまま唇の中央までつなげていきます。

［下唇］ 唇の中央から上唇の口角へつなげるようにラインをひきます。

口角側はくっきり、中央はぼんやりラインを入れると自然な仕上がりに。

笑顔の心理的効果

ここまで美しい笑顔の作り方をご紹介してきました。

作ってまで笑顔でいる意味があるの？ と思われる方もいらっしゃるかもしれませんね。実は、大いに意味があるのです。

もちろん自然にあふれ出る笑顔に勝るものはありませんが、たとえ作りものでも、笑顔でいると心理的にプラスの効果がはたらき、気持ちが明るくなったり、ポジティブになったり、人が寄ってきたりするという研究結果がいくつも発表されています。

とはいえ、怒っているときや泣きたいときにまで無理して笑う必要はありません。いつもなら無表情でいる時間などを利用して、意識して笑顔になってみてください。美しくなったあなたなら、きっと心が幸せになる感覚を得られ、それがさらなる笑顔の時間を引き寄せるでしょう。

③スマートフードケア

「カラダは食べ物で作られる」とよくいわれます。誰もが毎日とっている食事ですが、何を、どのくらいの量で、どのタイミングで食べるかで、若々しさや健康の度合いに差が出てくるのです。それなら、食事を何気なくすませてしまうより、健康や美容に気をつかいながら、美味しくいただいたほうがいいと思いませんか?

食材をわざわざ料理するのではなく、欲しい栄養素が入った食材を、加工することなく食べる食事方法「スマートフード」をご提案。ソースなどでの味付けもしないため、余分なカロリー摂取が減り、ダイエットにもなります。始めてみると、このシンプルさがクセになります。

カラダは食べ物で作られています。そして、美しさも! それを忘れずに。

スマートフードのすすめ

いざ健康や美容に良い食生活を心がけるといっても、具体的に何をどのように食べればいいのかは、正解がひとつではないだけに、皆さん迷うところでしょう。そこで、私がふだん選んでいるスマートフードを一例としてご紹介しておきます。

スマートフードとは私が考えた造語で、「究極のシンプル食」を意味します。健康な食生活を語るとき、「○○（食材）に入っているビタミン△がいい」といった話になりますよね。それなら、食材をわざわざ料理しなくても、そのまま食べる方法でもいいんじゃないか、という発想です。

おすすめ食材

[干し芋]　栄養価が高く、食物繊維も豊富でお通じにもいい。
[りんご]　ビタミン類、ミネラル、ポリフェノールなど栄養価が高く、繊維質も豊富。朝・昼・晩に分けて少しずつ、皮ごと食べる。
[サバ缶・ツナ缶]　タンパク質不足を防ぐ。

Dr. CUVO 流スマートフード

私が実際によく食べている食品は、干し芋です。素材そのもののおいしさを味わえますし、栄養価が高く、食物繊維も豊富でお通じにもいい。なにより、蒸して天日干しするだけで作られるため、添加物いらずの点がいいですね。満腹感を得やすいので、ダイエット中の食事やおやつとしてもおすすめです。同じように、栄養価が高く、繊維質も豊富で満腹感も得られる食品として、りんごもよく食べています。

私は糖質コントロールをしていますので、たんぱく質が不足しないよう、サバやマグロを努めて食べるようにしています。調理しないで済む、サバ缶やツナ缶を選ぶことが多いです。肉はあまり食べないようにしていますが、あまり神経質になるのも健康に良くないので、外食や人との会食では、制限を設けないようにしています。

若さを保つ食事

ほかに、若さや美しさを保ち続けるために、ぜひ食べて欲しい食品類もあります。若さや美しさを保つには、新陳代謝を良くすることが大切。新陳代謝の多くの機能をつかさどる臓器は、肝臓です。肝臓を強化することで、血行や消化を促進し、不要な物質を体外へ排出、健康的で若々しいカラダを維持することが可能になります。

肝臓を強化する栄養素と食品類

[タウリン] シジミ、イワシ、タコなどの魚介類
[ビタミンC] ブロッコリー、ピーマンなどの緑黄色野菜
[ビタミンE] ひまわり油、綿実油、べにばな油などの植物油

決まった時間ではなく、お腹が空いたら食べる

「朝・昼・晩、１日３食、決まった時間に食べるのが良い」といわれて久しいですが、現代人の運動量なら、１日３回食べなくても本当は問題ないはずです。

そもそも食事は、「時間になったから食べる」のではなく、「お腹が空いたから食べる」ものではないでしょうか。「時間になったから」「次の食事までもたないから」と、まだ空腹でもないのに、次の食事までもつようにたらふく食べるから太るのです。

ちなみに私の食事は１日２回、お腹が空いたら腹八分目を意識した食事をします。最初はすぐにお腹が空きましたが次第に慣れますし、体も軽くなり、頭がすっきりした状態で過ごせますので、今ではこの食生活がベストになっています。

美しさを保つ食べかた

食べる時間や回数のほかにも、美しさに差をつけることができる食べかたのコツがあります。

姿勢を正して食べる

姿勢を正すと内臓が消化に適した位置におさまるため、消化がよくなります。また、正しい姿勢をとるにはインナーマッスルが必要。食べながら筋トレすることもできるのです。

ゆっくり味わって食べる

「ながら食い」は食べ過ぎや消化不良のもと。そもそも食事は、栄養を体に取り入れる行為です。他の作業をしながらでは、必要量や満腹感を確認しないまま、食べ続けてしまいます。食べ物と向き合い、しっかり味わうことで、自分に必要な量や満腹の目安を感じられるのです。

美しさの邪魔をする嗜好品

美容に良い食生活をいい出したらきりがありません。できる範囲から徐々にでもいいと思います。しかしながら、これだけは体に必要ない、美容の邪魔になるという食べ物もあります。

ジャンクフード

高カロリー、高脂肪、高塩分なだけでなく、添加物も大量に入っているものがほとんど。せっかく美しくなって食生活を改善しても、ジャンクフードを食べ続ければ体に毒が溜まり、努力が台無しになってしまいます。

たばこ

いうまでもなく、たばこを吸って健康や美容に良いことはありません。内臓を汚し、血行にも悪影響を及ぼします。美しさを保つためには、吸わないほうが賢明です。

4 スリープケア

睡眠をしっかり取ることが健康に良いことは皆さんご存知かと思いますが、健康に良いということは、肌に良いことでもあります。美しさを保つためにも、ぐっすり眠ってスッキリ目覚められるような、良質な睡眠を心がけましょう。

良質な睡眠に必要なもの

- 自分に合った睡眠時間
- 自分に合った枕
- 肌にやさしいナイトウェア
- 睡眠前に適したベットライト

良質な睡眠中にカラダに行き渡る成長ホルモンが、美しさをつくる。

美しさを保つために必要な睡眠時間とは？

1日の推奨睡眠時間は平均8時間といわれていますが、人によって最適な時間は違います。6時間以下でも健康を害することのないショートスリーパーもいます。8時間を目安に複数の睡眠時間で寝てみて、自分がもっともスッキリしたと感じられる時間を調べてみるといいでしょう。

睡眠の主な役割

[脳のメンテナンス]
脳を休息させリセットする。記憶の整理や向上・強化。

[カラダのアンチエイジング]
深い眠りのときに分泌される成長ホルモンは、アンチエイジングホルモンの代表格。傷ついた細胞を修復し新陳代謝をサポートする。肌のターンオーバーにも関与。

寝つきを良くするために

◎就寝の1～2時間前に入浴などで体を温める。いったん上がった深部体温が下がるタイミングで入眠。
◎就寝の1時間前にはスマホやパソコンを閉じる。スマホやパソコンなどから発せられるブルーライトは、交感神経を活性化させ、寝つきの妨げになります。

美しさを保つための枕選び

顔のむくみは、肩や首の「凝り」が原因になることがあります。マッサージしても改善しない場合は、枕が合っていない可能性も考えてみましょう。

正しい枕の選びかた

枕の高さは、寝心地に大きく影響します。最適な高さは体格などによって異なりますが、目安として、２つのポイントが挙げられます。

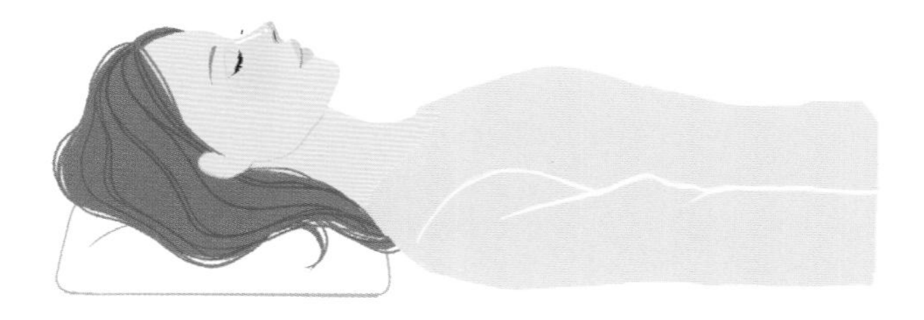

1．仰向けで寝たときの姿勢と立ったときの姿勢が変わらない位置に頭があること

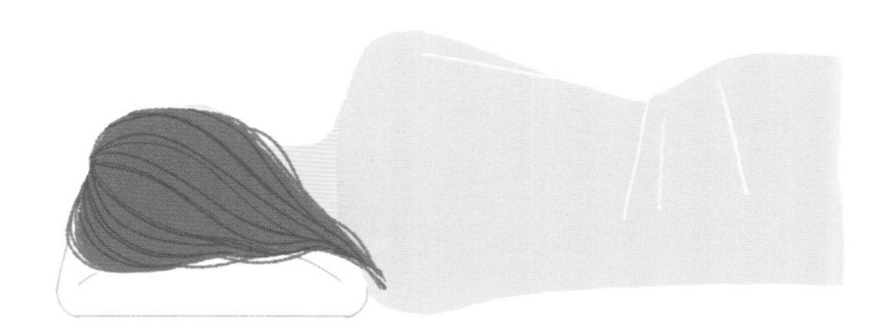

2．仰向けから横向きに寝返りをうったとき、頭の高さが変わらないこと

美しさを保つための眠り方

睡眠中は、上手な寝返りが美しさを保つ秘訣。寝返りには、こもった熱を逃がしたり、筋肉のコリをほぐしたり、さらにはカラダのゆがみを整える役割も。

横向きで寝るときはなるべく左右均等に

右側だけ、左側だけなど、一方に偏った横向きで眠ると、体の休息のバランスが崩れるだけでなく、片側だけたるむ原因となります。可能な限り、左右均等を意識してみましょう。

歯ぎしりは専門機関に相談を

ストレスが原因だからと放置しがちな歯ぎしり。放っておくと、噛み合わせがずれてフェイスラインが変形したり、他の病気につながってしまったりなど、美容や健康の妨げになります。手遅れになる前に、歯科医に相談しましょう。

さらに良質な眠りを目指して

睡眠時間や眠り方以外に、睡眠アイテムでも眠りの質を高めることはできます。

ナイトウエアを着用する

パジャマは、快適な睡眠のために作られています。部屋着や運動着と同じように、目的に対して最大のパフォーマンスを発揮できるようになっているのです。いつもTシャツなどの部屋着で寝ている人は、ぜひパジャマで眠ってみてください。寝起きが快適になるでしょう。

靴下は履かない

足の裏は体温調整をする重要な場所。ここを塞いでしまうと、睡眠中の体温調整ができず、睡眠の質を悪くします。どうしても履きたいときは、靴下ではなくレッグウォーマーを選び、足首やふくらはぎを温める方法で足先の冷えを予防しましょう。

良質な眠りを意識した日々の過ごし方

実は、朝起きたときから、次の睡眠の準備が始まっています。「睡眠ホルモン」として知られるメラトニンは、起床とともに分泌が止まり、14 ～ 16 時間後に再び分泌されます。そのサイクルを正常に回してあげることで、良質な睡眠を手に入れることができるのです。

起床とともに、朝日を浴びる

メラトニンは、光を浴びると分泌が停止します。これで体内時計をリセットすることができます。

軽くでも朝食はとる

朝食は、体内時計を整えるのに効果的。メラトニン生成に必要なアミノ酸を含む、乳製品、豆腐や納豆などの大豆製品、ナッツ類がおすすめです。さらにビタミンやミネラル類も欠かせないので、バランスのいい食事を。

夕方にかけて体温を上げる

日中は、できる限り体を動かしましょう。階段を使う、ひと駅なら歩く、などでもいいでしょう。運動なら、夕方がおすすめです。

寝る前の照明は「暖色」に

スマホやパソコンのほか、蛍光灯などの青白い光は、眠りを遠ざけます。寝室や寝る前に使う照明を暖かみのある暖色系にすることで、眠りにつきやすくなります。

5 スポーツケア

どんなに美容医療が発達していつでも美人になれる時代になったとしても、健康なカラダでなければ、その美しさは維持できません。人生 100 年時代といわれる現代。いつまでも元気で美しいあなたでいるために、運動は欠かせません。

顔だけ美しくてもカラダが老けていたら意味がありません。カラダの美しさは、血行が関与し筋肉などが健康的に動いてはじめて作られるもの。単純には語れません。

もはや運動なくして健康も美しさも語れない。

運動は最高の美容法

唐突ですが、最近ぞうきんがけをしていますか？　前進だけでなく、後進も、やってみてください。思いのほか、辛いと思います。

昔はみな、ぞうきんがけや水汲みなどの肉体労働を日常生活で行い、それが運動になっていました。現代人は便利な道具と引き換えに、運動する機会を喪失しています。母や祖母が運動しなくても元気だからといって、若い頃から道具に頼りきり世代の自分も大丈夫とは限らないのです。

運動の効用

運動をすると、代謝が上がり、血流が良くなり、むくみや冷えを解消します。おのずと肌の血色も良くなるでしょう。体幹が鍛えられ、それによって立ち姿も美しくなります。運動は、最高の全身トータル美容法なのです。

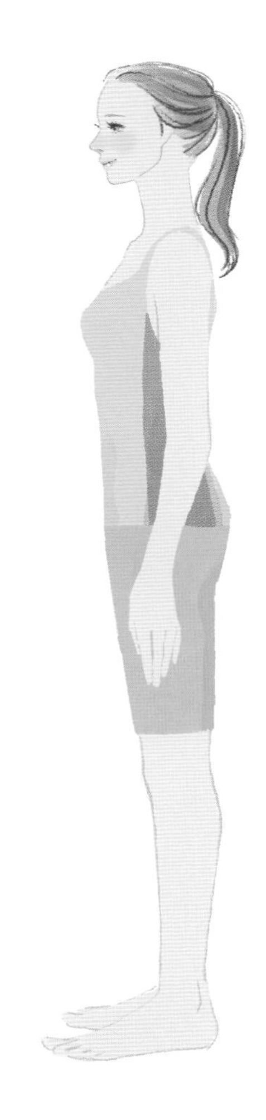

運動初心者の人は「鍛える」まえに「ほぐす」

代謝は30代を境に、徐々に低下していきます。代謝が下がれば、血流が悪くなったり、太りやすくなったりします。いつまでも若々しくいるためには、年齢を重ねるほど、努めて運動することが必要になります。

この本を読んでいる人は美意識が高く、頑張り屋さんだと思います。そんな努力家の人ほど、無理をしがちです。

これまで運動を続けてきた人には負荷をかけたトレーニングが有効ですが、これから始める人は、ハードな筋トレやマラソンをするより先に、運動できるカラダづくりから始めましょう。長らく運動をしていないカラダの筋肉は、思いのほか凝り固まっています。まずはカラダの凝りをほぐさないと、筋肉や関節を痛めてしまいます。

カラダの凝りをほぐすには、ストレッチやヨガなどがおすすめです。これらを行って気持ちよいと思えるようになれば、カラダはほぐれてきています。

運動を長く続けるためのコツ

運動は、カラダを鍛える前にほぐすことから始めましょうとお伝えしましたが、スタートの手順をきちんと踏むことで、楽しんでカラダを動かすことができ、運動を長く続けることができるようになります。

理想は、無酸素運動と有酸素運動を組み合わせて行うやりかたです。

無酸素運動とは

筋トレや短距離走など、酸素（呼吸）を利用せずに行う運動。短時間で負荷をかける動きが多い。

有酸素運動とは

ウォーキングや長距離走、ダンスなど、酸素（呼吸）を取り込みながら行う運動。時間をかけ、一定の負荷を感じながら動く。

目的にあった運動を

鍛える目的とほぐす目的で運動の種類が異なるように、どんな効果を期待するかによって、選ぶ運動種目は変わります。

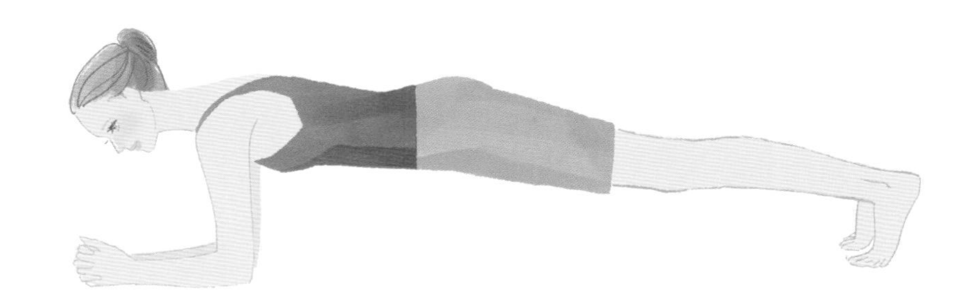

共通で行いたい運動

ストレッチ、腹筋、スクワットや、プランクなどの体幹トレーニング

ダイエット・美肌・健康目的で

ウォーキング、ジョギング、スイミング、エアロビクス、ヨガ、バランスボールなど

筋力アップ・筋肉美目的で

ダンベルやチューブ、マシンを使ったトレーニングなど

まずはいろいろな運動を試してみる

運動には沢山の種目があり、どれを選べばよいかわからない人もいらっしゃるでしょう。そんなときは、目的に合った運動のなかから気になる種目をいくつか試し、いちばん好きになれそうなものを選んでください。

趣味が人それぞれ異なるように、運動の好みも人によります。最初にトライした運動が楽しくなかったから自分は運動が嫌いなのだと思わないで欲しいのです。

「ジョギングは続かないけれどヨガなら楽しく続けられる」そんな人がたくさんいます。

呼吸はアンチエイジングの基本

誰でも今すぐ簡単に道具要らずで始められ、しかもアンチエイジング効果が期待できるエクササイズがあります。それは、「呼吸」です。毎日２万回ともいわれる呼吸を、無意識に行うかアンチエイジングを意識するかで、未来の若々しさが違ってきます。

「鼻から」吸って、「鼻から」吐くのが基本。ただし、鼻から吐く息は量や速度のコントロールが難しいので、「鼻から吐く・口から吐く」を使い分けましょう。

基本的な「腹式呼吸」

「鼻から」吸いながら、おへそを前に出すようにお腹を膨らませる。吐くときはゆっくり、お腹をへこませながら吐ききります。

慣れてきたら、脇腹・背中にも空気を入れる意識で、腹部全体を膨らませて、吐くときは腹部全体をすぼませるように呼吸をします。

逆「腹式呼吸」をマスター

「鼻から」吸うとき、お腹をへこませる、呼吸法。代謝をより高める効果があります。最初にお腹を緩めます。吸うとき、空気は胸に入れます。肩は上げずに、肋骨を広げる意識で、胸を膨らませます。吐くときは、胸をすぼめながら、お腹を膨らませます。そのとき、胸郭の下に傘状にある横隔膜の上下を意識できたら、どちらの「腹式呼吸」もマスターです。

運動で輝く美しさを手に入れる

美しさを手に入れて幸せな気持ちになると、その心がさらに表情を美しくします。カラダも同じように、健康であるほど心が気持ち良いと感じ、元気で活動的な毎日を送れるようになります。活動的な心は、いつもポジティブ。ポジティブな生活には、笑顔がたえません。日々このような暮らしをしている人は、周りから「いつも明るく輝いている、若くて美しい人」と見られています。

心は美顔のバロメーターです。ネガティブなことばかり考えている暗い顔と、いつもポジティブで明るい表情では、見た目の美しさに大きく差がつきます。

落ち込んだり悩んだりしていると、顔がこわばり、眉間にシワが寄り、実年齢よりぐっと老け顔になります。反対に、いつも明るく前向きな人は、表情が豊かなぶん表情筋をよく使うため、シワやたるみができにくく、ハリのある顔になります。

若くて美しい顔を保つために、
心の美容も心がけましょう。

顔にあらわれる美しい心を育てるには

忙しくストレスにさらされた毎日のなか、仏のような心で過ごすのは難しいこと。無理や我慢をすれば、かえってストレスになりかねません。まずは心を穏やかに、そしてスッキリさせてくれるアイテムの力を借りるのも一手です。

心をおだやかにする方法

好きな香りをかぐ（リラックス）

自分にとって良いと感じる香りは、脳に「気持ちいい」と信号を伝え、心を健やかにしてくれます。

瞑想の手順

1 座禅を組む。

2 お腹をへこませながらゆっくり息を吐ききり、3秒キープ。体内の汚れを出すイメージで。

3 お腹が膨らむことを意識しながら、鼻から息を吸う。キレイな空気を体内に取り込むイメージで。

4 2と3の呼吸を１分６回、５分以上を目安に行う。

5 全身の力を抜き、眉間に意識を集中させた状態を５分ほど保つ。

瞑想をすると、感情の乱れが減少し、平常心を保つことができるようになります。また、感情の乱れが減ると、心の汚れがスッキリするため、思考に余裕ができ、集中力も高まります。

心をスッキリさせる方法

話す（デトックス）

「話してスッキリする」という言葉がある通り、誰かと話をして気持ちを吐き出すことは、心のデトックスに最適です。

笑う（ポジティブシンキング）

スマイルケアの項でもお話しした通り、笑顔は明るく元気で、美しい心を育ててくれます。

歌う（ストレス発散）

歌を歌うときは、呼吸が睡眠時のように深く、回数も減ります。それによりカラダはリラックス状態になります。また、悲しいときや怒っているとき、感情の赴くままに歌うことで、乱れた気持ちをデトックスできます。

さらに、歌詞を覚え、音程を意識して歌えば脳が活性化されますし、口を大きく開けて表情豊かに歌えば表情筋を動かすことになり、小顔やアンチエイジングにもつながります。

ビューティーシンキング

いくつになっても若々しく美しい人には、「ビューティーシンキング」という共通点があります。

ビューティーシンキング

若づくりではなく、若々しく

年齢や見た目にあらがった服装や生活をするのは「若づくり」
人生経験豊富になってきた自分を活かした美しさを追求するのは「若々しさ」

日々の努力が明日の美貌

誰もが老化を避けては通れません。ある程度の年齢からは、毎日の努力で将来の美しさに大きく差が出ます。いくつになっても美しい人は、日々の努力を怠りません。

暦年齢よりも見た目年齢

見た目年齢が若い人は、実年齢にとらわれて「もういい歳なんだから……」と考えません。年齢を気にせず、自分のやりたいこと、できることに思いきり励んでいます。

トータルフェイスデザインの心への効用

クリニックに来られる方々のほとんどが、はじめは不安そうにされています。それはそうですよね。いくら美容のためとはいえ、顔に経験したことのない施術をするわけですから。

ですが施術を受けられた方々は皆さん、鏡の自分に向かって「キレイになった！」と呼びかけます。それまでずっと悩んで、ときに嫌っていた自分の顔を、素直に「キレイ」とほめてあげられるようになるのです。それは、美容外科医としてとても嬉しい瞬間でもあります。

心からキレイだと認識できると、自分に自信が持てますし、笑顔も増え、明るい印象になります。明るい人には明るい話題が増え、人間関係や生活環境にも変化があらわれます。

美容治療は、コンプレックス解消の域を超え、人生をより楽しく豊かにするものだと、私は信じています。

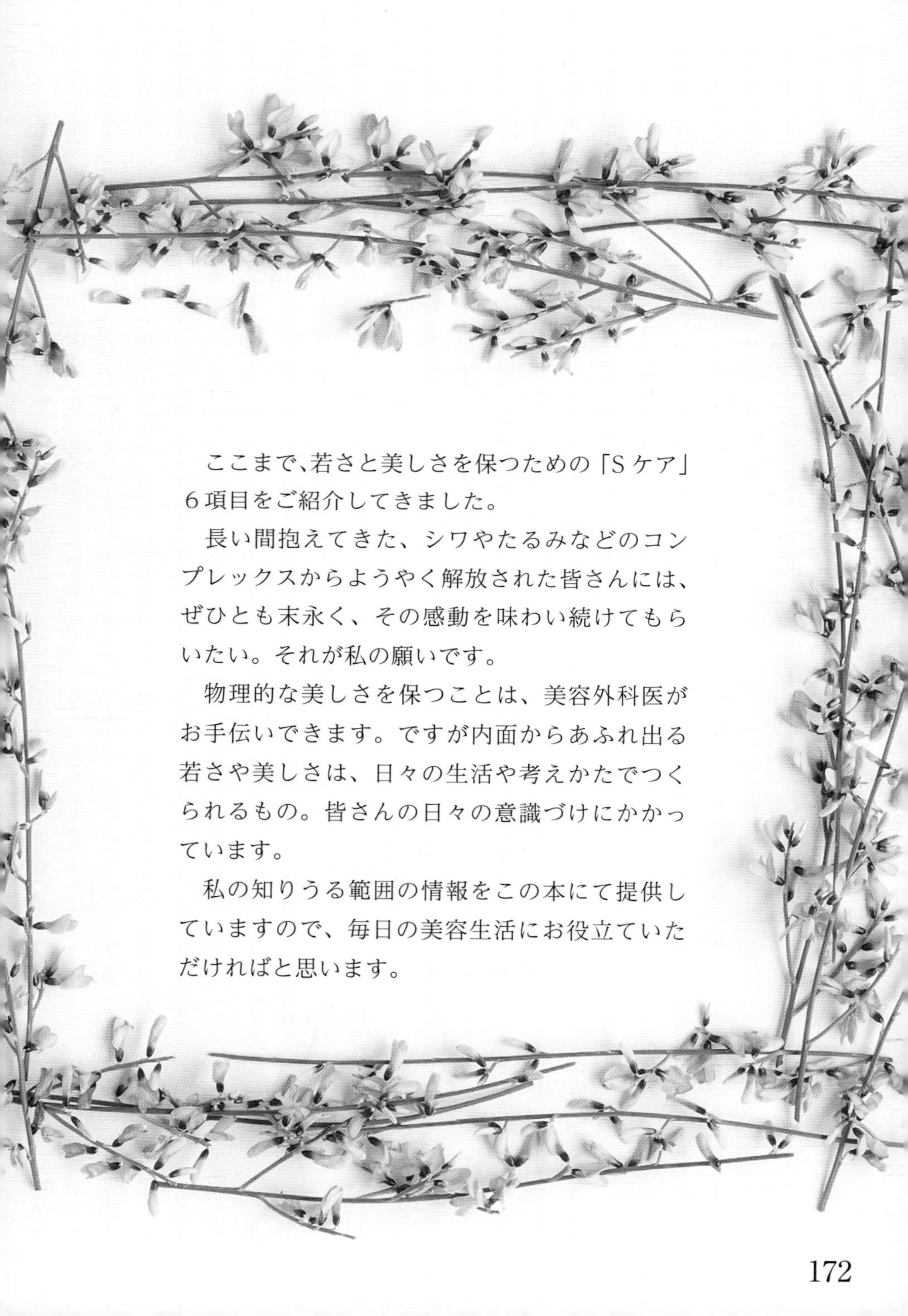

ここまで、若さと美しさを保つための「Sケア」6項目をご紹介してきました。

長い間抱えてきた、シワやたるみなどのコンプレックスからようやく解放された皆さんには、ぜひとも末永く、その感動を味わい続けてもらいたい。それが私の願いです。

物理的な美しさを保つことは、美容外科医がお手伝いできます。ですが内面からあふれ出る若さや美しさは、日々の生活や考えかたでつくられるもの。皆さんの日々の意識づけにかかっています。

私の知りうる範囲の情報をこの本にて提供していますので、毎日の美容生活にお役立ていただければと思います。

おわりに

私が美容外科の世界に飛び込んだのは約20年前。その頃、この分野の医療はまだまだ一般の人たちに馴染みあるものとはいえませんでした。病気やケガを治すものではないため、同じ医療の世界でも、アウトロー的にとらえられていたのも事実でしょう。

けれど、人々が常に美しく若々しい自分でありたいと願い、さらに、長い人生において、歳を重ねても活躍し、命尽きるまでイキイキと元気に過ごすことが求められるなかで、状況は変わってきました。美容外科が介入する余地は大きくなり、今後もその傾向は強くなるはずです。

ある患者さんからこう言われたことがあります。

「先生、私は60代になって顔は老けたけれど、精神は老いていません。私の顔を自分の気持ちにマッチするよう若返らせてもらえませんか？」

顔は加齢による影響に敏感です。歳を重ねれば、さまざまな老いの兆候が容貌にもあらわれる。けれど、この方が言うように、精神は顔ほど老化しないのではないでしょうか。むしろ、見た目の衰えにより、歳を重ねることの具体的、典型的なイメージができあがり、気持ちまでもが「老い」に寄せられてしまうことが問題です。

逆に言えば、見た目年齢を若々しく保てば、精神もずっと若くあり続ける——魂は老け込むことはないのです。そして、精神と調和する容貌の若返りを実現すべく、最新の美容医療技術をもって患者さんに向き合うのが私の仕事です。

若い方たちにとっても、老化が顕在化する前からエイジングが始まっていることを考えれば、人生１００年時代の将来への備えとして、また、コンプレックスを解消し、前向きに人生を進んでいく上でも、美容外科医療が果たす役割は大きいと考えます。

「仕事、もっと頑張ります！」と宣言した30代の女性、「これから第二の人生を楽しむぞ」と意気込むシニアの方——笑顔でクリニックをあとにするそんな方たちを見送りながら、ああ、この仕事を選んでよかったと、私はいつも思うのです。

Dr.CUVOのアンチエイジング療法
トータルフェイスデザイン

著　　者	久保隆之
発 行 者	池田雅行
発 行 所	株式会社ごま書房新社 〒101-0031 東京都千代田区東神田1-5-5 マルキビル7F TEL 03-3865-8641 FAX 03-3865-8643
制　　作	株式会社フジコム 株式会社ラウンドアイ
イラスト	吉濱あさこ
印刷・製本	創栄図書印刷株式会社

ISBN978-4-341-13264-4　C0047